B.A.-BA

Astrologie chinoise

DU MÊME AUTEUR

— *ABC de la médecine chinoise,* Jacques Grancher, 1994.

À mes parents,
À Carole.

Avertissement aux lecteurs

L'ouvrage présenté sous le titre *B.A-BA de l'astrologie chinoise* reprend dans son intégralité celui édité par les éditions de Bressac en janvier 1998, auquel l'auteur a ajouté des documents et des indications supplémentaires, notamment historiques.

Illustrations et ornements :
David Gattegno

Ce livre a été publié en langue portugaise par les éditions Hugin, Lisbonne, 2000.

Natacha Raphaël

B.A.-BA

ASTROLOGIE CHINOISE

troisième édition

Pardès
9, rue Jules Dumesnil
45390 Puiseaux

DÉJÀ PARUS DANS LA MÊME COLLECTION B.A.-BA

Vampires (2ème éd.)◊
Monstres aquatiques◊
Animaux mystérieux
Halloween (2ème éd.)
Lutins
Extra-terrestres-1
Extra-terrestres-2
Monstres
Fantômes
Arts divinatoires
Jean-Paul Ronecker

Samuraï◊
Chevalerie◊
Templiers (2ème éd.)◊
Shintô
Indo-Européens
Au-delà
Jeux Olympiques◊
Mon
Vikings
Cathares (2ème éd.)
Tradition grecque-1
Bernard Marillier

Qigong (2ème éd.)
Feng Shui (2ème éd.)
Ayurvéda (2ème éd.)
Chirologie chinoise
Dao Yin
Gérard Edde

Tradition nordique-1◊
Karma
Père Noël◊
Arnaud d'Apremont

Acupuncture (2ème éd.)
Taoïsme (2ème éd.)
Zen
Bouddhisme (2ème éd.)◊
Jean Fabre

Interprétation astrologique (2ème éd.)
Oghams divinatoires
Alain Gesbert

Numérologie médicale (2ème éd.)
Numérologie chinoise
Numérologie orientale (2ème éd.)
Fleurs de Bach (2ème éd.)
Psychogénéalogie (2ème éd.)
Jean-François Mazouaud

Occultisme◊
Wicca
Néo-paganisme
Islamisme
Christian Bouchet

Réincarnation
Soufisme
Islâm (2ème éd.)
Anges (2ème éd.)
Mort – 1
Mort – 2
Gérard Chauvin

Astrologie◊
Tradition nordique-2
Fées
Anne-Laure d'Apremont

Symboles (2ème éd.)◊
Héraldique (3ème éd.)
David Gattegno

Géomancie
Yi King (2ème éd.)
Marielle-Frédérique Turpaud

Envoûtement (2ème éd.)◊
Satanisme (2ème éd.)
Jean-Paul Bourre

Mythologie celtique (2ème éd.)
Tradition celtique
Thierry Jolif

Esséniens
Jean-Claude Violette

Runes (4ème éd.)
A.-L. et A. d'Apremont

Tradition égyptienne
René Lachaud

Cosmogonies
Hérésies
Roger Parisot

Homéopathie (2ème éd.)◊
Jean Barbara

Sexologie
Isabelle Trémoulet

Villes disparues (2ème éd.)
Daniel Kircher

Mégalithes
Myriam Philibert

Orthodoxie
Frédéric Luz

Numérologie (3ème éd.)
Zariell

Chiffres
Roger Postiaux

Chronobiologie
Bernard Bérigaud

Immortalité
Vincent Klein

Méditation bouddhique
Érik Sablé

Énergétique
Edmond Grzegorzewski

Chamanisme (2ème éd.)
Thierry Piras

Diététique
J.-F. Mazouaud & M.-F. Jambet

Astrologie indienne
Jean Dethier

Franc-maçonnerie
Philippe Lestienne

Antimaçonnisme◊
Jérôme Rousse-Lacordaire

Tarot (2ème éd.)◊◆
Carole Sédillot

◊Traduit en portugais par les éditions Hugin – ◆Traduit en espagnol par les éditions Alcántara

Si vous souhaitez être tenu au courant de la publication de nos ouvrages, il vous suffira d'en faire la demande aux Éditions Pardès, B.P. 47, 45390 Puiseaux. Vous recevrez alors, sans aucun engagement de votre part, le bulletin où sont régulièrement présentées nos nouveautés que vous trouverez chez votre libraire.

La calligraphie du titre de la collection B.A.-BA est de Christian Zimmermann.

ISBN 2-86714-190-7
ISSN 1245-1916

Sommaire

L'ASTROLOGIE CHINOISE

Malgré les grands bouleversements historiques qu'elle a connus, la civilisation chinoise semble avoir traversé le temps en préservant des valeurs immuables. Encore aujourd'hui, certaines de ses croyances anciennes continuent d'exercer une réelle fascination. Nous n'avons pas été les premiers et nous ne serons sans doute pas les derniers à vouloir en percer le mystère.

UN PEU D'HISTOIRE

Au cours des guerres, bon nombre de textes se référant à la pensée chinoise ont été partiellement détruits ou ont disparu, mais bon nombre d'entre eux ont toutefois pu être sauvegardés. C'est ce qui a permis à l'Occident de découvrir, entre autres, plusieurs philosophes issus de cette culture d'une richesse extraordinaire ; par exemple, Confucius, Lao Zi et Lie Zi pour le taoïsme...

Mais, dans certains domaines, des zones d'ombre subsistent. C'est notamment le cas de l'astrologie chinoise, dont on peut analyser le système sans pouvoir cependant en interpréter tous les symboles.

Que représentait l'astrologie chinoise pour les Anciens ? Quelle valeur lui attribuaient-ils ?

Rappelons tout d'abord que la conception ancestrale de la réalité en Orient est très différente de celle qui prévaut en Occident. Elle tient compte de la mobilité de la nature (tout élément de la nature reçoit l'influence de la Terre et du Ciel) et considère l'homme en perpétuelle relation avec elle (d'où son intégration à la vie quotidienne). En Occident, on conçoit généralement l'influence de la nature sur l'homme dans des limites définies par les sciences...

Bien qu'il soit impossible de déterminer de façon précise le moment de son apparition en Orient, la plupart de ceux qui s'intéressent à l'astrologie chinoise lui reconnaissent une origine remontant à près de trois mille ans. Ce qui est cependant certain, c'est qu'elle est une science élaborée, respectée de tous, qui a guidé la vie des Chinois pendant tous ces siècles. Elle est indissociable de la pensée philosophique qui soutient que tout être vivant est en constante interaction avec ce qui l'entoure.

Mais quels sont au juste les principes philosophiques qui régissent cette science ? Quelle est leur nature ? Le Ciel, la Terre, le Yin, le Yang et les Cinq Éléments (chapitre II) sont des énergies, des forces qui agissent à travers chaque être vivant et qui le maintiennent ou non en équilibre. C'est ainsi que la philosophie s'insère dans la vie des Chinois, autant que l'astrologie et la médecine traditionnelle, car rien ni personne ne peut être isolé de son contexte de vie. Le printemps, manifestation céleste, agira donc sur les arbres comme sur les hommes…

Les Chinois ont donc toujours fait appel à l'astrologie pour rester en harmonie avec la nature en toute occasion. Un mariage ne se décidait jamais avant que les familles n'aient eu la confirmation de la bonne entente des signes des futurs époux, soumis également à l'influence du signe de l'année. Chacun faisait attention à ne pas agir en contrariété avec les forces du moment afin de préserver la paix.

De nos jours, l'astrologie fait encore partie du quotidien chinois. Bien qu'occultée entre autres durant la Révolution Culturelle, tradition appartenant à un passé alors farouchement combattu, elle occupe une place à part dans la société d'aujourd'hui en plein essor de modernité.

Si elle n'est plus officiellement prise en compte, tant dans les décisions politiques que dans la vie familiale, nombreux sont ceux qui ont recours officieusement à ses services. Un directeur de banque de Beijing (Pékin) ou Shanghai ne va pas répandre la nouvelle qu'il va consulter son astrologue avant une décision primordiale ou à chaque début d'année, mais on se doute qu'il s'y rendra.

Comme chacun le sait, la langue chinoise n'est pas constituée d'un alphabet mais de caractères chargés de symboles. Aussi n'y aurait-il rien d'étonnant dans le fait que ce peuple ait décidé un jour de les intégrer à son astrologie, élément du quotidien en Chine. Bien qu'elle soit aujourd'hui un peu plus connue, l'astrologie chinoise demeure encore une énigme car certaines clés manquent toujours pour interpréter certains symboles. Néanmoins, on peut dire que la présence des animaux du zodiaque qui ont des traits de caractère bien définis, en facilite grandement la compréhension.

Au terme de ce survol historique, rappelons simplement que l'astrologie chinoise est basée sur le système lunaire (contrairement à l'astrologie occidentale, qui se réfère au système solaire). C'est pourquoi la date du Nouvel An en Chine varie de quelques jours chaque année, se situant entre la fin de janvier et le début de février. L'an 2000 commencera ainsi le 5 février...

Ce cycle lunaire dure 60 ans. Il est divisé en 5 périodes de 12 années, chacune symbolisée par un animal, une énergie Yin ou Yang (selon le signe correspondant) et par un élément de la nature (chinoise!). Ainsi, tous les 60 ans, on retrouve par exemple une année du Rat associée à l'élément Métal. Par contre, l'influence du Yin et du Yang ne varie pas, son lien avec l'animal du zodiaque est indéfectible. Par exemple, l'année du Rat est sous influence Yang, tandis que celle du Bœuf est sous celle du Yin...

LES SIGNES ET LEURS COMPOSANTES

Quels sont ces animaux qui constituent le zodiaque chinois? Ils apparaissent dans l'ordre suivant: le Rat, le Bœuf, le Tigre, le Lièvre, le Dragon, le Serpent, le Cheval, la Chèvre, le Singe, le Coq, le Chien et le Cochon. L'apparence de l'animal n'a évidemment ici aucun rapport de ressemblance avec la personne dont c'est le signe. Le lien concerne l'impact psychologique du caractère symbolique de l'animal. Dans la tradition chinoise, tous ces animaux sont respectés, voire redoutés pour certains.

Dans l'astrologie, votre signe se trouve en interaction continue avec celui de l'année (voir Annexe II). Tout comme c'est le cas dans l'astrologie occidentale, vous avez également un Ascendant, qui est relié à l'heure de naissance (chaque tranche de deux heures correspond aussi à un animal: né entre 15 et 17 heures, votre Ascendant est le Singe... voir Annexe I).

En outre, chaque animal a sa propre correspondance avec un des Cinq Éléments ; on appelle alors ce dernier l'élément stable. Malheureusement, il manque aujourd'hui des informations rigoureuses pour savoir exactement à quel élément correspond chaque animal. Malgré cela, l'astrologie chinoise rythmera votre vie, comme elle a rythmé celle des Chinois pendant des millénaires.

LES PRINCIPES FONDAMENTAUX

LE YIN ET LE YANG

阴

YIN

阳

YANG

Ces deux notions « abstraites », qui laissent bon nombre d'Occidentaux perplexes, font partie intégrante de la philosophie chinoise. Les premiers écrits — du moins ceux qui sont parvenus jusqu'à nous et qui remontent à plus de deux mille ans, dont les plus connus sont le *Livre des Odes* et le Yi Jing (nom occidental Yi King) — en témoignent. Le Yin et le Yang y apparaissent comme étant des principes fondamentaux de la pensée extrême-orientale. Pour bien en saisir le sens, les Occidentaux doivent donc les appréhender autrement qu'avec le seul intellect et considérer que ces deux principes appartiennent à une vision du monde très différente de la leur. Dans la culture orientale, le Yin et le Yang sont des notions fondamentales qui se situent au cœur de la philosophie, de l'astrologie et de la médecine traditionnelle, bref au cœur de tout ce qui concerne la nature de l'homme.

Voici comment la philosophie chinoise explique la présence du Yin et du Yang :

> *« De l'Un se forme la Dualité qui donna naissance aux Cinq Éléments qui engendrèrent les Dix Mille Êtres. »*

Essayons maintenant de transposer ces deux notions dans le domaine qui nous intéresse : l'astrologie chinoise. La dualité concerne bien les deux éléments Yin et Yang, opposés, tout en étant indissociables et complémentaires. Ils ne peuvent par conséquent être simplement réduits au symbole noir et blanc, si souvent mal usité et mal interprété.

L'un ne va pas sans l'autre. S'il est donc difficile de se les représenter mentalement, il en est tout autrement si on les aborde par la voie de la sensibilité. Le Yin et le Yang ne sont ni plus ni moins que deux énergies complémentaires. La façon de les nommer importe moins que de les ressentir et de bien les distinguer.

C'est ainsi que l'on peut parler dans le zodiaque chinois de signes Yin parce qu'il y a des signes Yang. En fait, ils s'attirent l'un l'autre, tout comme le jour et la nuit, qui se succèdent en se fondant l'un dans l'autre à l'aube et au crépuscule. Ainsi doit-on les comprendre quand on les associe à la lumière et à l'obscurité. Le Yin est effectivement attribué à la Terre, tandis que le Yang est attribué au Ciel, l'un est à l'ombre ce que l'autre est à la lumière. Tous deux sont indispensables. L'un est la force naturelle féminine, l'autre la force naturelle masculine. Les Chinois y font référence dans toutes les situations.

L'Homme est lui-même considéré comme un lieu permanent d'échanges entre le Yin et le Yang.

La même transposition s'applique en médecine traditionnelle, selon des principes stricts : certains organes sont Yin, alors que d'autres sont Yang. S'il en est ainsi à l'intérieur du corps humain, il est donc logique — en suivant le cheminement de la pensée chinoise — qu'il en soit de même à l'extérieur, tout étant toujours en interaction. L'échange (l'équilibre ou le déséquilibre) entre le Yin et le Yang en chacun est à l'image de ce qui se produit autour. C'est ainsi qu'une année est soit sous une influence Yin, soit sous une influence Yang, selon l'animal zodiacal qui l'accompagne. Mais attention à ne pas attribuer à ces deux notions des concepts figés comme le positif et le négatif ou à décréter que l'homme est Yang et la femme Yin.

N'oubliez pas qu'il s'agit là de symboles et non de traits de personnalité. Ainsi vous comprendrez mieux l'influence des deux forces quand elles sont associées à un signe astrologique, à une année.

LES CINQ ÉLÉMENTS

« De l'Un se forma la Dualité qui donna naissance aux Cinq Éléments… »

Nous voici en présence de la seconde énigme. Après avoir abordé le principe de dualité Yin et Yang, il importe maintenant de comprendre l'autre notion fondamentale de la pensée chinoise : le système des Cinq Éléments, que vous pourriez voir surgir à tout moment.

Selon la tradition chinoise, l'Homme fait corps avec la nature, dont il est un élément actif. Sur lui se polarisent les forces célestes et terrestres. Par conséquent, il subira au cours de sa vie toutes sortes d'influences, celles des saisons, par exemple. Mais il sera avant tout soumis au cycle des éléments auxquels correspondent les saisons, les organes du corps humain… Il est important de bien saisir à ce stade-ci le principe général des Cinq Éléments. Vous comprendrez mieux ainsi la relation qu'ils entretiennent avec les animaux du zodiaque chinois.

Comme on l'a déjà mentionné, l'Homme — dans la tradition chinoise — vit de façon permanente en interaction avec ce qui l'entoure. Le cycle des Cinq Éléments est donc régi par un ordre immuable où chaque élément a sa place, ses correspondances, comme en témoigne l'illustration qui suit (seule la cosmologie chinoise ayant subi une modification dans le temps, il ne faudra pas se formaliser de la position inversée des points cardinaux, en référence avec les éléments).

Le cycle des Éléments et des saisons.

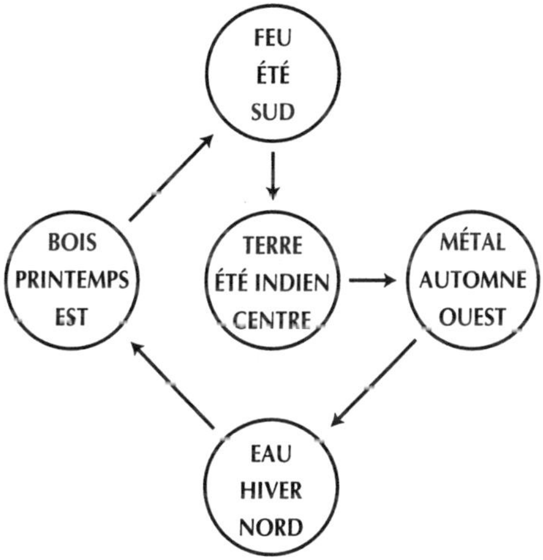

木

LE BOIS

Le premier élément que vous allez découvrir est le Bois. La saison du printemps lui est associée. C'est le symbole de l'énergie qui se réveille après l'endormissement de la vie pendant l'hiver. La nature du Bois est d'être pliée, redressée. Elle suit donc le mouvement ascendant de la puissance qui le caractérise.

Associé à l'astrologie chinoise, le Bois définit le profil suivant : les personnes font preuve d'une chaleur et d'une générosité particulières. Elles sont imaginatives, débordantes de forces créatrices. On dit d'elles qu'elles sont très attentives à respecter le point de vue des autres et qu'elles sont prêtes à fournir pour cela des efforts certains.

火

LE FEU

Le deuxième élément en suivant le cycle est le Feu. Au Feu correspond la saison de l'été. Son énergie est ardente, elle est comme une flamme qui brûle et s'élève. La nature est alors en expansion, après la montée de la jeune sève printanière.

Associé à l'astrologie chinoise, le Feu définit un type de personnes très dynamiques, ayant une notion aiguë de l'honneur. Avoir un tempérament de feu peut aussi sous-entendre un manque de flexibilité. En tout cas, la passion ne manque pas...

地

LA TERRE

Le troisième élément va peut-être vous paraître moins évident, car il n'a pas d'équivalent occidental. Il s'agit de l'élément Terre, au centre de toutes les réflexions et données de l'univers chinois. Les anciens écrits disent : « La Terre porte et le Ciel couvre... » Cet élément est donc fondamental. Sans la Terre, il n'y a pas de culture ni de moisson, au sens propre comme au sens figuré. La Terre porte les hommes, les nourrit. La saison qui lui correspond ne nous est pas non plus très familière ; on la nomme parfois en Occident l'été indien, parfois on ne la nomme pas du tout !

En astrologie chinoise, la Terre est associée à des personnes au caractère stable, qui travaillent avec constance et qui ont un sens pratique très développé. Elles attachent une grande importance à l'harmonie dans les relations humaines.

金 LE MÉTAL

Le quatrième élément du cycle est le Métal. L'automne est sa correspondance dans la nature. Après l'éclosion de la vie au printemps, puis son explosion en été, vient le retour à la Terre ; au centre de tout, l'énergie décline. Les feuilles de l'arbre vont brûler de leurs derniers feux avant de tomber. Le cycle naturel connu et vécu par tout être vivant est arrivé au dernier sursaut d'énergie avant le repos nécessaire et salutaire apporté par l'hiver.

Associé à l'astrologie chinoise, le Métal définit des personnes ayant une force de volonté imposante, qui ne se plient pas facilement aux exigences d'autrui et qui peuvent même faire preuve de rigidité et exercer une domination. Pourtant, la nature propre du métal est d'être docile et d'accepter la forme qu'on lui donne. Être ferme donc, mais pas sans souplesse !

水 L'EAU

Le cinquième élément du cycle est l'Eau. Sa saison est l'hiver. « L'eau humidifie et tend vers le bas… », peut-on lire dans un texte ancien. C'est bien la sensation que tout être humain sensible au cycle de la nature ressent à un moment donné, quand les nuits sont plus longues et les jours plus courts. Tout l'univers est au ralenti, il semble s'être endormi sous le manteau du froid. Mais il ne faut pas penser que la vie s'est arrêtée, elle reprend simplement des forces pour le printemps qui suivra, qui ne tardera pas à jaillir, telle une nouvelle jeunesse pour le monde encore assoupi.

Associée à l'astrologie chinoise, l'Eau renvoie à la sensibilité et au pouvoir de persuasion. Les personnes qu'elle définit sont créatives, douées d'une grande capacité de compréhension de l'autre et de compassion. Elles peuvent être influençables.

Maintenant que vous avez atteint un certain niveau de compréhension des principes fondamentaux (le Yin et le Yang, les Cinq Éléments), il vous sera d'autant plus facile de percevoir toutes les interactions entre les signes du zodiaque chinois qui, comme nous l'avons vu, sont eux aussi régis par ces principes. Chaque animal est en effet marqué par une de ces deux polarités et, par conséquent, chaque année l'est également. Puis, selon un cycle très élaboré (dont il a été question dans notre premier chapitre), chaque année est aussi sous l'influence d'un élément, le même pendant deux années consécutives.

Après avoir fait appel à votre sensibilité, à votre perception personnelle du monde qui vous entoure — sous un jour plus « chinois » —, vous allez pouvoir constater toute l'ambivalence de la nature humaine, car chaque animal du zodiaque peut présenter des aspects contrariant ceux d'un élément. Faisons maintenant plus ample connaissance avec ces douze figures légendaires de l'astrologie chinoise.

Le Tai Tchi.

LES DOUZE SIGNES

DU ZODIAQUE

1
LE RAT

1900	1912	1924	1936	1948
1960	1972	1984	1996	2008

鼠

L'ANNÉE DU RAT

L'année du Rat est sous l'influence de l'énergie du Yang, elle est la première du cycle, là où tout peut commencer.

Ce nouvel élan se répercutera à tous les niveaux de la société. Véritable souffle printanier, il réveillera en chacun de vous le désir de changement, de transformation. Vous allez peut-être ressentir alors un mouvement irrépressible mais désordonné, comme une brusque montée de sève. C'est naturel sous le signe du Rat. La seule chose à faire est de prendre le train en marche. Vous ne le regretterez pas.

Vous êtes un investisseur avisé et prudent ? Vos efforts seront couronnés de succès dans les années à venir. Mais veillez à ne pas prendre trop de risques, malgré l'atmosphère de tentation qui règne alors. Ce qui est investi sous l'année du Rat ne porte pas immédiatement ses fruits. Aussi pourriez-vous réaliser à votre détriment que la brusque passion vous a conduit à des résultats contraires à ceux qu'elle vous laissait espérer.

Vous êtes sous le règne des bâtisseurs ; vous allez avoir les moyens de poser des fondations. À vous de faire en sorte qu'elles soient solides afin de voir ultérieurement votre œuvre s'élever et résister aux aléas du temps. L'année du Rat donne des ailes à tous vos désirs, aux projets les plus fous, les plus profonds. Il se peut que vous ayez envie de vous marier, de fonder un foyer, d'avoir des enfants. Mais il pourrait aussi arriver que ce désir de renouveau vous conduise sur le chemin de nouvelles aventures !

De toute manière, c'est une année pendant laquelle vous n'allez pas cesser de vouloir bouger et, sans même le vouloir, vous serez poussé en avant. Vous allez vous sentir comme une fusée ; à vous d'en contrôler un tant soit peu la direction.

La société étant le reflet de ce que vous vivez dans votre vie, l'économie va donc bénéficier, elle aussi, de ce dynamisme ambiant. Et c'est avec le cœur léger que vous allez partager son destin. Veillez simplement à ne pas vous envoler !

LA PERSONNALITÉ DU RAT

Le Rat a une connotation positive dans la tradition chinoise (aussi positive que peut être négative sa connotation en Occident). Pourquoi le Rat est-il le premier signe du zodiaque chinois ? Deux légendes répondent à cette interrogation. La première remonte aux temps immémoriaux et ne fait donc pas référence à une philosophie particulière. Elle raconte que la colonne des animaux souhaitant faire partie du zodiaque était conduite par le Bœuf et que le Rat trouva une astuce pour être le premier nommé. Sa petite taille lui permettant de passer inaperçu, il grimpa sur le dos des animaux jusqu'à la première place, qu'il parvint ainsi à ravir au Bœuf.

La seconde légende fait référence à la philosophie bouddhiste. Afin de changer l'organisation du pays, Bouddha aurait invité tous les animaux à le rejoindre pour le Nouvel An. Mais seulement douze d'entre eux auraient en fait répondu à son invitation. Pour les récompenser, il aurait attribué à chacun une année du zodiaque en respectant l'ordre de leur arrivée. Là encore, le Rat était le premier !

On rapporte également qu'un autre conte, qui avait cours en Chine du Sud, plaçait le rat au rang de héros en raison de son exploit : fournir du riz aux hommes quand la famine menaça de faire périr des villages entiers.

Dans la langue chinoise, il est de coutume d'utiliser le mot « rat » comme insulte pour les avares. En effet, être traité de « rat d'argent » ne laisse aucun doute sur la personne ! Car la tradition veut que le rat qui grignote la nuit soit en fait en train de compter son argent. Cette relation négative entre le rat et l'argent se retrouve également en Occident...

Associé à des images plus négatives encore, le rat peut cacher un démon masculin qui aurait pris l'apparence d'un animal (les démons de sexe féminin sont attribués à d'autres animaux). Quant à sa présence dans une maison, elle donne lieu à diverses interprétations qui varient selon les époques et les régions. La plus répandue (encore aujourd'hui) correspond à un présage de pauvreté prochaine pour la famille, car les sacs de grains n'ont pour lui aucun secret ! Une autre interprétation, sans doute beaucoup plus ancienne, considérait son absence comme un signe... inquiétant !

La personnalité du Rat est donc marquée par une première qualité indéniable : l'intelligence. Ce signe est sous le sceau de l'énergie mise à contribution au quotidien pour la survie de chacun. Il est donc très respecté par les Chinois.

Le Rat possède un don inné pour l'observation et, de son analyse éclairée, il tire toujours un bénéfice. Il n'est jamais pris au dépourvu et s'arrange pour rebondir ou se protéger en cas de retournement de situation.

Il est perpétuellement en action, à l'affût de la moindre source de stimulation. Tout ce qui est inconnu aiguise sa curiosité, sans pour autant l'entraîner où que ce soit sans qu'il ait mûrement réfléchi sur la tactique à utiliser. Son instinct le trompe rarement et c'est ainsi qu'il se dirige assurément vers le succès, quelle que soit la démarche entreprise.

Instinctif mais perspicace, il tient sa réussite de la découverte du moindre trésor caché derrière des entrepôts anodins ! Il accumule les indices et trouve la solution quand les autres en sont encore à la lecture de l'énigme. Tel un fabuleux limier, il pressent la vérité et l'expose au grand jour.

C'est ainsi que le Rat ne se fait pas forcément apprécier de tous en révélant des situations que d'autres auraient préféré cacher. Il parvient à ce résultat en conjuguant cette agilité d'esprit avec une imagination débridée. Son regard vif risque de vous transpercer et de vous mettre à nu.

Quand il veut bien ne pas se laisser disperser par toutes ses occupations, il est un dirigeant remarquable qui se sort des situations les plus inextricables. Vous pouvez également en déduire que le Rat sait imposer le respect par une présence d'une rare intensité et que vous ne risquez pas souvent de vous perdre en suivant ses traces. Il sait prouver sa valeur en assumant courageusement de lourdes responsabilités et peu nombreux sont ceux qui, lui ayant fait confiance, ont été déçus.

Si le travail offert ne l'astreint pas à des horaires trop réguliers, il met son flair au service du plus grand nombre et permet ainsi à l'entreprise d'éviter bien des écueils. Il possède en fait un sixième sens qui le conduit vers les bonnes opportunités et lui évite les mauvaises, ce dont tout le monde peut bénéficier un jour ou l'autre.

S'il aime le pouvoir et l'argent, c'est qu'il est souvent conscient de ses capacités et ne manque pas d'ambition. S'il ne se laisse pas emporter par le tourbillon qu'il provoque lui-même, son jugement est des plus objectifs et vous pourrez vous y fier. Il est très apprécié comme conseiller, surtout s'il ne fait pas sentir aux autres qu'ils ne sont pas très rapides à comprendre et à réagir !

Le Rat aime la vie en société et se réjouit des occasions de rencontre que la vie peut lui offrir. Il apprécie de circuler dans des cercles amicaux différents et adore s'y montrer, car il aime rire et faire rire. Pour ses amis, le Rat est le meilleur antidote qui puisse exister pour combattre la morosité.

Il vaut mieux éviter, par contre, d'être l'ennemi du Rat qui vous utilisera alors sans vergogne pour parvenir à ses fins, et ce, à votre détriment. S'il vous a choisi, il saura se montrer d'une générosité exemplaire et vous fera bénéficier de toute son affection pour vous soutenir dans vos épreuves. Il ne vous trahira pas, sa loyauté envers les siens est légendaire.

Comme il est doté d'un charme irrésistible, le Rat préfère nettement les bains de foule à la solitude. Et que ses conquêtes se consolent car, si elles risquent de succomber au premier battement de cils, lui-même succombera au moindre geste encourageant de leur part. Son potentiel amoureux est immense, tout comme ses désirs. Aussi a-t-il souvent des difficultés pendant ses années de jeunesse à être constant, persuadé qu'une seule personne ne saurait pouvoir le contenter. Il suffira pourtant qu'il croise la bonne personne (passionnée, intelligente et... souriante) pour que son attachement devienne alors indéfectible. D'ailleurs, son sourire (exprimant toute la chaleur dont le Rat sait si bien faire preuve) aura tôt fait de vous conquérir. Il faut simplement veiller à ne pas se laisser totalement emporter dans son ouragan romantique sans lui avoir fait réaliser que l'on existe à part entière. Son besoin d'être deux est tel que le Rat perd parfois la notion de duo, au point de prendre la vie de l'autre pour sienne. L'oxygène risque dès lors de faire gravement défaut !

L'ASSOCIATION DU RAT AVEC LES ÉLÉMENTS

LE RAT MÉTAL

Voilà sans doute le membre le plus fort, le plus solide, le plus imposant de toute sa fraternité. Il ne fait qu'un avec ses pulsions et ne connaît pas la tempérance. Aussi faut-il s'attendre à de la dynamite dans ses relations avec les autres, qu'elles soient d'ordre professionnel ou personnel.

Son raisonnement n'est ainsi pas toujours des plus rationnels quand il se laisse aller à sa possessivité naturelle. Sa jalousie contrôlée, sa colère maîtrisée, il vit moins douloureusement sa quête profonde d'un idéal de vie, qu'il peut parfois vouloir atteindre en passant par-dessus la tête des autres et en faisant preuve d'un égoïsme certain. Très indépendant, capable de se hisser aux plus hautes fonctions à la force de son intelligence, il doit néanmoins apprendre à composer avec les autres qui ne supportent pas toujours ses sautes d'humeur.

Comme il est souvent en mesure de réaliser des choses tout seul, il ne lui vient pas toujours spontanément à l'esprit que les autres peuvent avoir leur mot à dire. N'attendez pas qu'il vous en laisse la chance, imposez-lui vos choix si c'est nécessaire. Il finira par comprendre un beau jour que tout est moins difficile à assumer à deux plutôt que tout seul.

LE RAT EAU

Le Rat, puissant par nature et s'imposant aux autres par son intelligence, va trouver dans l'élément aquatique ce qu'il lui faut pour transformer ses émotions intempestives en retombées bénéfiques pour autrui. Comme les autres membres de sa famille, le Rat Eau est doté d'une acuité psychique hors du commun qu'il utilise dans son approche du reste de l'humanité.

Il est capable de comprendre les problèmes de chacun et de trouver des solutions. Il apparaît comme quelqu'un de très chaleureux, communiquant avec aisance et accordant son soutien désintéressé au plus grand nombre. Quel que soit le contexte, son aide s'avère toujours judicieuse. Il a un grand pouvoir d'influence, dont il se sert rarement à des fins personnelles.

Il tient au respect et à la sympathie que la société lui témoigne spontanément et veille à ne pas la décevoir dans ses entreprises personnelles. Il parvient donc à ses objectifs sans que cela soit au détriment de qui que ce soit. Il ne doute pas de ses capacités et sait les utiliser. Là où ses cousins n'auraient peut-être pas autant de scrupules, c'est quant à la manière de les utiliser. Le Rat Eau use de son pouvoir cérébral et spirituel à bon escient.

Vous pouvez donc lui ouvrir sans peur votre cœur, car un poète se cache derrière cet intellectuel. Il prendra garde de ne pas vous blesser. Son ardeur à vous aimer pourrait bien vous surprendre!

Le Rat Bois

Si le Rat est habituellement brillant, sûr de ses capacités, voici l'exception qui confirme la règle, car au fond de lui murmure la voix du doute perpétuel. C'est que le Rat Bois est aussi confiant et solide que ses cousins, mais seulement en apparence. Il n'est pas aisé de savoir ce qu'il ressent dans son for intérieur car il le cache bien. Toutefois, si vous êtes suffisamment proche de lui et qu'il se sente en sécurité, il se confiera à vous.

Le Rat Bois a donc un immense besoin de se sentir rassuré à tout moment, malgré son potentiel naturel à le conduire au succès. Il a souvent peur de ne pas être à la hauteur d'une mission qui lui a été confiée ou d'avoir fait une erreur. Quand il domine ses doutes utiles pour garder la raison mais parfois trop envahissants, il est un directeur efficace et apprécié de tous.

S'il est bien entouré, l'amour des siens lui donnera des ailes et le résultat se répercutera dans tous les aspects de sa vie. Vous n'avez pas à craindre qu'il papillonne ailleurs, juste qu'il ne soit jamais assez convaincu de l'affection que vous lui portez.

Le Rat Feu

Voici le membre de la fraternité qui risque le plus de vous pulvériser en quelques secondes si vous ne l'avez pas suivi dans sa course folle. Eh oui ! Le Rat Feu est encore plus énergique et plus impulsif que ses cousins. Rien ne l'arrête et il ne s'arrête jamais. Si jamais vous êtes en avion 11 mois sur 12 à survoler la planète et à traverser les océans, vous avez toutes les chances de le rencontrer. Il change d'adresse et de situation autant de fois que la vie le lui permet, car il ne fait pas bon ménage avec la routine.

Il est aussi très impulsif en amour. Quand le temps est venu de faire sa déclaration, le lieu et l'heure importent peu. Il se laisse guider par l'impulsion du moment et ne supporte pas de devoir attendre pour y donner suite. Aussi pouvez-vous compter sur lui pour grimper à votre fenêtre en plein milieu de la nuit ou pour débarquer en pleine réunion, les bras chargés de fleurs pour vous séduire.

Il ne compte pas quand il aime et la plupart du temps sa générosité et son enthousiasme viennent à bout des plus grandes résistances. Sa soif de vivre étant irrésistible, vous n'aurez bientôt plus le loisir de vous reposer un bref instant s'il décide de vous conquérir !

Le Rat Terre

Contrairement à ses semblables, le Rat Terre ne donne pas préséance à son impulsion. S'il est ici plutôt question de raison, c'est qu'elle seule peut permettre à un Rat agité par un perpétuel mouvement d'atteindre une certaine forme de stabilité.

Le Rat Terre a besoin, pour s'épanouir, d'un climat serein, qu'il s'attache à créer et à maintenir autour de lui. Consciencieux, il bâtit sa vie comme une maison, étape par étape, en commençant par ériger de solides fondations capables de résister à toutes les intempéries.

Il n'est certes pas le plus imaginatif et le plus expansif de toute sa famille, mais vous pouvez compter sur son sens des réalités, sur son intelligence et sur son obstination à vous assurer un quotidien sans trop de tracas. S'il n'apparaît pas toujours comme un être très généreux, il n'en est pas moins chaleureux et affectueux avec les siens. La vie avec un Rat Terre, ce pourrait être comme un long fleuve tranquille...

2
LE BŒUF

1901	1913	1925	1937	1949
1961	1973	1985	1997	2009

牛

L'ANNÉE DU BŒUF

Sous l'influence de l'énergie Yin, l'année du Bœuf laisse augurer une plus grande stabilité que la précédente, où régnait l'agitation des nouvelles aventures.

Pendant cette période, on va récolter les fruits des efforts passés. La moisson variera donc selon ce que l'on a semé et la manière dont on l'a semé. Si l'on veut obtenir un résultat durable sous le Bœuf, il faut pour cela avoir posé de solides fondations par le passé et avoir eu la patience de laisser progresser lentement le projet. Les tours de Babel, quant à elles, s'effondreront toutes seules au cours du temps.

Recueillir sa moisson ne veut pas dire pour autant se laisser porter par le doux balancier du temps qui s'écoule. L'ère est à la placidité et non à la paresse. Aussi faut-il veiller sur sa récolte et sur celles qui sont à venir.

En 1973, sous le signe du Bœuf, un cessez-le-feu fut déclaré au Vietnam… après 5 années de négociations ! « Patience et longueur de temps font plus que force ni que rage », disait Jean de la Fontaine. Rien n'est plus vrai que dans l'année du Bœuf, si l'on en croit aussi ce que les Allemands, par exemple, ont dû endurer, à partir de 1961, année où fut construit le mur de Berlin…

La prudence est de rigueur car le climat n'est pas favorable pour les aventuriers des temps modernes. Les investissements ne doivent pas être basés sur le long terme, encore moins sur d'hypothétiques rendements. Il vaut mieux en avoir eu un aperçu concret avant le passage à l'année du Tigre.

Le spectacle est donc plus à l'intérieur qu'à l'extérieur de sa maison, dont on peut avoir envie d'améliorer le confort. Portez attention aux termes du contrat avec l'entrepreneur et évitez les travaux de longue haleine. Le Bœuf favoriserait un changement de papier peint plutôt qu'une installation de piscine !

Comme les valeurs traditionnelles sont mises spontanément en exergue, l'art et la culture s'en ressentent et la mode n'est pas au scandale… « Qui va lentement, va sûrement », au rythme du Bœuf…

LA PERSONNALITÉ DU BŒUF

Deuxième animal à figurer dans le zodiaque chinois, le bœuf, dans la tradition chinoise, a de tout temps été respecté (jusqu'à aujourd'hui) pour les services qu'il a rendus à l'homme.

Bête de labour et de labeur, il était une aide indispensable pour tous les Chinois qui travaillaient la terre. Comment récolter la moisson sans lui ? Il était donc fréquent que la population refuse de consommer sa viande. Cela aurait été un sacrilège de tuer et de manger celui-là même qui vous avait aidé à vous nourrir !

L'origine de cette pratique ne fait toutefois pas l'unanimité. Pour certains, elle aurait été introduite par le bouddhisme. En Chine, selon la tradition, il n'est fait aucune différence entre la vache, le taureau et le bœuf. On sait qu'en Inde, par contre, la vache est un animal sacré. Aussi peut-on penser que ce pays ait pu influencer les habitudes alimentaires des Chinois par le biais de sa philosophie. On note par ailleurs que l'histoire fait état d'interdits régulièrement promulgués par des empereurs à des périodes différentes, selon lesquels le bœuf ne devait être ni abattu ni mangé.

Une connotation symbolique, voire divine, mettant en évidence la force de l'animal, lui a également été attribuée. On associait le bœuf au printemps, saison capitale dans la Chine traditionnelle puisqu'elle marquait le début d'une nouvelle année et d'une récolte à venir. Après l'hiver, les travaux des champs pouvaient recommencer. Ils étaient célébrés par une cérémonie, celle du labourage, à laquelle participait l'Empereur. On rapporte également que certains temples lui furent dédiés, plus particulièrement ceux de couleur jaune.

Animal sous l'influence du Yin, le Bœuf était aussi symboliquement lié à l'Eau. Certaines légendes racontent qu'un bœuf serait un jour sorti d'un arbre pour entrer dans un fleuve en courant, ce qui lui aurait valu d'être vénéré comme une divinité. D'autres rapportent que le dieu de tel ou tel fleuve avait une tête de bœuf. On raconte aussi que les Chinois avaient coutume de jeter dans les fleuves, quand ils craignaient la rupture d'une digue, des figures en bronze ou en pierre représentant cet animal. Car il ne faisait pas de doute que la force du bœuf, même en esprit, était l'unique chance de contenir la puissance des eaux.

S'il n'est pas question d'attribuer nécessairement à ce signe la force physique de l'animal, la ténacité est par contre son moteur principal. Comme un bœuf attelé quotidiennement à sa charrue, la personne s'attelle de même à la vie et la traverse d'un pas régulier, jusqu'au but à atteindre.

Naturellement équilibré, le Bœuf ne se laisse pas tenter par les frissons de l'aventure, il poursuit plutôt inlassablement sa tâche. Si des voix cherchent à le détourner de ses objectifs, disons qu'elles seront bien en peine de lui faire miroiter une solution miracle! Car le Bœuf est un réaliste qui a les pieds sur terre, pour ne pas dire ancrés en elle. Aussi ne croit-il pas à la réussite sans effort, continuant sa progression sans émettre la moindre plainte.

Conscient de sa force de caractère, aucune responsabilité ne lui fait peur et chacun peut se reposer tranquillement sur lui en cas d'obstacles. Il n'est jamais agité par une quelconque frénésie et pose un regard serein sur le monde. Ce qui ne le met pas pour autant à l'abri des excès, entre autres celui qui concerne son principal trait de caractère : la détermination. En effet, quand le Bœuf a pris une décision, rien ne l'en détournera, même si son entêtement lui cause des torts. Sa ténacité extrême le rend inflexible et c'est alors aux autres de lui faire entendre raison.

Tout le monde peut lui faire confiance car son âme est celle d'un être profondément intègre et, s'il s'extériorise peu, il n'en est pas moins franc et honnête. Aussi est-il très apprécié, tant comme collaborateur que comme ami. Derrière son apparence sans prétention, qui incite à la confidence et au respect, ne se cache rien de moins qu'un cœur d'or.

Attiré par l'ambition mais fidèle à son image, le Bœuf ne la laisse pas prendre le contrôle de ses actes. Elle est simplement sa motivation pour aller plus loin et réussir ce qu'il entreprend, avec mesure et constance…

Le Bœuf est aussi très recherché par les amateurs d'imprévus car il s'acquitte pour eux de toutes les corvées quotidiennes qui les rebutent. S'il se sait en sécurité à la place qui est la sienne, il saura exploiter tous ses talents d'organisateur et rien ne sera laissé au hasard. Il sera celui que vous verrez plongé dans ses dossiers à l'heure où vous arriverez au bureau et à l'heure où vous en sortirez. La rapidité n'est peut-être pas sa marque de commerce mais qu'importe la manière si le résultat est là : il parvient toujours à franchir la ligne d'arrivée !

Son aspect solide rassure et donne confiance, aussi est-il des plus fidèles pour les amis qu'il a choisis. Ses critères de sélection sont en harmonie avec son caractère : il n'aime pas la foule, au sein de laquelle sa nature réservée l'isole des contacts superficiels, et il est intègre. Par conséquent, il ne peut rencontrer des dizaines de personnes auxquelles il pourrait faire confiance. Il sait instinctivement que ce ne serait pas réaliste. Mais quand il apprécie la rencontre, vous avez en lui un ami pour la vie. Vous n'aurez pas à vous en plaindre car il vous offrira son cœur et son courage, sans ménager sa peine pour vous sortir des situations les plus inextricables. Il vous semblera peut-être prudent, voire méfiant au début, mais c'est là simplement une façon de s'assurer qu'il ne s'est pas trompé. Bien que réservé, sa compagnie en société est très agréable pour tous ceux qui préfèrent aux mondanités un dialogue au coin du feu.

Il n'est pas différent en amour et promet là encore le confort d'une solide relation basée sur la confiance et la ténacité. Il ne va pas vous servir des déclarations enflammées ni se jeter à vos pieds en proie à une passion frénétique. Non, si fort le sentiment soit-il, le Bœuf vous fera part de ce qu'il ressent discrètement, en peu de mots, presque timidement. Pour vous choisir, il lui faudra être sûr de votre fidélité car il ne peut supporter l'instabilité. Il mettra un temps qui vous semblera peut-être infini avant de se prononcer. Mais à partir du moment où il sera convaincu de son choix, vous aurez en lui le compagnon le plus fidèle que la vie ait créé. Il serait toutefois bon que vous lui appreniez « le plus vite possible » qu'il n'est pas tout seul à diriger et qu'il faut savoir composer avec l'autre. N'oubliez pas qu'il a tendance à être inflexible, donc peu à même de reconnaître ses erreurs. Munissez-vous d'une force de persuasion aussi inébranlable que la force tranquille. Et dites-vous que s'il cultive sa sagesse intérieure, vous aurez tôt ou tard droit à une récolte de bonheur paisible.

L'ASSOCIATION DU BŒUF AVEC LES ÉLÉMENTS

Le Bœuf Métal

Le Bœuf est naturellement acharné au travail, aussi l'élément métal vient-il renforcer ce trait naturel en le rendant plus tenace, plus inflexible encore. Ne quittant d'ordinaire sa place qu'une fois sa tâche accomplie, il est inutile d'essayer de le convaincre d'aller faire un tour si son esprit est déjà occupé à résoudre un problème. Rien ni personne ne peut l'influencer. Il regarde droit devant lui et ses œillères lui laissent bien peu de champ libre.

Il est profondément honnête, aussi pouvez-vous vous fier à la direction qu'il prend. Par contre, si vous avez envie d'en prendre une autre, il ne vous suivra pas tant qu'il ne sera pas convaincu que c'est le meilleur choix à faire. Il ne vous le fera pas comprendre en poussant de hauts cris mais son entêtement risque à la longue de vous lasser. Il vous faudra donc lui apprendre à manifester plus explicitement ce qu'il ressent, en l'y incitant gentiment.

Le Bœuf Eau

Voici le membre sans doute le plus populaire de la famille Bœuf et ce, grâce à l'Eau qui apporte à ce symbole de la détermination une souplesse plus que bienvenue. Sa ténacité va être enfin teintée de sensibilité. Qui pourrait s'en plaindre ? Tant dans sa vie personnelle que professionnelle, le Bœuf Eau tient compte de ce que les autres ressentent et prodigue ses conseils avec tact et délicatesse.

Doté de la même faculté de travail que ses cousins, il accomplit toutefois ses missions en acceptant plus aisément la collaboration d'autrui et personne n'ignore très longtemps son potentiel de succès. Il va prendre du temps pour expliquer son point de vue et ne trahit jamais la confiance placée en lui par les siens. Il réfléchit toujours avant d'agir, à moins qu'une contrainte de temps ne l'en empêche. Il devrait donc moins tarder que ses cousins à vous ouvrir son cœur.

Le Bœuf Bois

À l'encontre de ce que l'élément pourrait laisser supposer, ce membre du clan n'est pas une vraie tête… de bois ! Il est au contraire animé d'une grande capacité d'adaptation au changement et d'une tolérance tout aussi grande envers autrui.

Ses valeurs fondamentales sont toujours reliées au travail dans l'effort, mais le Bœuf Bois les partage avec ses collaborateurs, qui voient en lui un décideur apprécié et respecté. D'un naturel plus enthousiaste, il est aussi plus communicatif tout en demeurant solide et efficace. La vie auprès de lui est un peu plus légère qu'avec ses cousins, ce qui n'a rien à voir avec l'inconstance. Il sait être sérieux dans les moments opportuns, tout en étant animé d'une puissante capacité de tout dédramatiser. S'il entretient son dynamisme sans excès, vous découvrirez chez lui une loyauté empreinte de passion.

Le Bœuf Feu

Voici le membre perturbateur du clan Bœuf, habituellement si tranquille et posé. L'élément Feu ne faillit pas à sa tâche. Par conséquent, le Bœuf Feu va montrer un tempérament impulsif et dynamique, ce qui est plutôt inattendu chez ce signe.

Cette fois, il n'est pas seulement déterminé à atteindre ses objectifs, il préfère nettement dominer et diriger plutôt que de suivre les autres et de mener son petit bonhomme de chemin. Et il en est parfaitement capable car il possède les mêmes aptitudes professionnelles, la même force de volonté et la même ténacité que ses cousins. Quand il se laisse guider par son intelligence objective, on le reconnaît volontiers comme un meneur d'hommes. Il doit cependant toujours se méfier de ses impulsions car y succomber pourrait entraîner des conséquences désastreuses. S'il parvient à modérer ses ardeurs, le Bœuf Feu se tiendra fidèlement à vos côtés tout en vous faisant vivre à un rythme entraînant. Avec lui, la vie ne sera jamais monotone.

Le Bœuf Terre

Voici le membre de la fraternité Bœuf qui a le plus les pieds… sur Terre !

D'un naturel plutôt lent, contrairement à son cousin Feu, le Bœuf Terre va être le plus à même d'utiliser ses qualités et ses capacités car il a une plus grande conscience de ses limites. Comme il n'est pas question pour lui de les dépasser, il accepte de bonne grâce le rôle que la société lui impartit. Raisonnable et réfléchi, il s'acquitte de son travail sans la moindre plainte et se réjouit de pouvoir ainsi offrir le meilleur à ceux qu'il aime.

En raison de sa lenteur, le Bœuf Terre peut donner l'impression de ne pas avoir vraiment de but à atteindre. C'est une erreur car il sait où il va et il lui importe peu que d'autres y soient déjà parvenus, il finira lui aussi par s'y trouver. Il est vrai que ses ambitions sont souvent modestes, mais seraient-elles plus importantes que tous les signes de fidélité, de loyauté et d'intégrité qu'il est prêt à vous envoyer, pour peu que vous marchiez d'un pas tranquille ?

3
LE TIGRE

1902	1914	1926	1938	1950
1962	1974	1986	1998	2010

虎

L'ANNÉE DU TIGRE

L'année du Tigre est sous l'influence de l'énergie Yang, ce qui peut laisser supposer de l'action…

Cela bouge donc mais non sans risque et danger. Les conflits, les guerres de toutes sortes peuvent faire rage et dévaster des pays. Des sociétés en seront profondément bouleversées et l'ordre établi a de fortes chances d'être secoué avant la fin de ces années-là. Les crises politiques ont une répercussion internationale. Est-ce seulement le hasard si l'année 1938, de sinistre mémoire pour l'Europe, était justement une année Tigre ? Il faut s'attendre à tout, le calme et la sérénité ne sont pas les maîtres mots sous le règne du Tigre. La violence peut être sous-jacente, tout comme le danger et les chocs à petite ou à grande échelle n'auront pas nécessairement de répercussions immédiates. Ils laissent néanmoins entrevoir l'atmosphère et les résultats possibles dans les années à venir.

C'est donc une année pour laquelle il vaut mieux s'armer de courage et les amateurs de sensations extrêmes seront servis à souhait. Si le danger vous excite et que les décharges d'adrénaline motivent votre existence, tenez-vous prêt car vos nerfs d'acier seront certainement mis à l'épreuve. En revanche, si vous êtes d'un naturel timide et réservé et si vous recherchez une vie calme et sereine, c'est une année qui risque de vous secouer, émotionnellement du moins. Aussi ne vous laissez pas tenter par le désir de tout chambarder sans vous être armé d'un bouclier !

L'année du Tigre est idéale pour donner libre cours à son goût de l'intrigue car l'air est chargé de passion. Vous aurez sans doute alors la tentation de foncer tout droit dans les recoins les plus sombres de la nature humaine, alors n'oubliez pas que, tôt ou tard, vous risquez d'en payer le prix !

LA PERSONNALITÉ DU TIGRE

Si l'animal (le troisième des signes du zodiaque) n'est pas un inconnu dans l'esprit occidental, il est néanmoins important de l'étudier dans le contexte de la tradition chinoise qui le définit comme l'esprit protecteur de la chasse et de l'agriculture. Dans la Chine antique, lors de la fête de la moisson, une cérémonie particulière consistait à invoquer les esprits des tigres. En tant que mangeurs de sangliers, ils protégeaient les cultures de ces destructeurs et permettaient une moisson abondante.

Bien que soumis à la force du Yang, la philosophie lui reconnaît une force Yin lorsqu'il prend les traits du « Tigre Blanc ». Il est l'animal symbolique de l'ouest, de l'automne et règne par là même sur la mort, par opposition au « Dragon bleu vert » qui règne sur la vie.

Par respect, les Chinois évitaient de prononcer son nom, n'omettant pas l'autre facette de cet animal : il symbolise aussi le danger d'une trop grande puissance et des instincts incontrôlés. La peur qu'il inspirait était tellement grande qu'elle est passée à l'histoire ; on parle de tigres repartis de leur plein gré dans les montagnes après en avoir été priés et non pas après avoir été poursuivis et chassés !

Le tigre est également respecté pour le pouvoir que la tradition lui accordait dans la protection des démons. Aussi était-il d'usage de placer des statues représentant un tigre sur les tombes et des images à son effigie sur le montant des portes des maisons. Ainsi, s'il prenait l'envie à un esprit malveillant de se manifester, la terreur inspirée par le tigre l'en dissuaderait.

La personnalité du Tigre est donc pour le moins haute en couleur, alliant le courage au dynamisme, la chaleur à la bravoure. Son énergie et son enthousiasme juvénile le rendent très attirant, d'autant plus qu'il n'est pas arrogant. Il ne s'agit pas non plus de le bousculer de trop près car ses réactions sont typiquement félines. Les griffes peuvent facilement sortir s'il se sent lésé, trahi, ou si les siens sont en danger.

Il vaut mieux ne pas lui manquer de respect, d'autant plus que ce n'est pas dans ses habitudes d'en manquer envers autrui. Établissant des relations honnêtes et franches avec les autres, il s'attend à ce que ses interlocuteurs fassent de même. L'opinion de l'autre sur ce qu'il fait lui importe beaucoup alors qu'il n'est pas du tout influencé par les signes extérieurs de réussite. Le pouvoir et l'argent ne l'impressionnent pas. En cas d'échec, il prend sur lui puis repart avec un nouvel objectif en tête. S'il est réellement touché, affecté, il va soigner ses blessures, tel un chat qui s'isole pour récupérer. Il sera ensuite prêt pour passer de nouveau à l'attaque.

L'énergie lui faisant rarement défaut, il peut s'épuiser lui-même. Il est donc primordial pour le Tigre d'apprendre la tempérance plutôt que de vivre à la vitesse de la lumière. Cela lui évitera de manquer brutalement de souffle.

Il n'a pas d'égal pour relever des défis et pour lui tout est toujours une compétition. Né pour diriger, il sait se faire respecter, à défaut d'être toujours apprécié. Travailler sous sa direction et le supporter tous les jours, va donc requérir impérativement de la part de ses collaborateurs une énergie, un dynamisme sans faille et un grand courage.

Il est redoutablement efficace lorsqu'il est à un poste bien en vue. Comme tout félin, il a un sens aigu de l'observation et prépare ses plans secrètement. La tactique est révélée lorsque le Tigre est déjà arrivé au but.

Possédant une capacité rare de tout apprendre en un rien de temps, vous le verrez souvent changer de profession ; quand il aura épuisé les ressources de la précédente, il n'hésitera pas à courir le risque de quitter une place assurée pour aller vers l'inconnu. Le Tigre possède un potentiel exceptionnel de chance dont il doit se garder d'abuser !

Le Tigre est l'ami rêvé, toujours plein de ressources pour vous faire retrouver le sourire. Il sait faire preuve d'empathie face à une personne en détresse. Il est là pour vous tendre la main et offrir une épaule sur laquelle vous pourrez pleurer. Pendant que vous épancherez votre chagrin sur son cœur, il n'aura de cesse de trouver le moyen de vous aider et de chasser les vilains nuages. Il a toujours le mot pour rire, ce qui explique la cour d'amis dont il est souvent entouré. Le Tigre n'existe pas sans amis et il tient autant à leur nombre qu'à leur loyauté. Il ne connaît pas le manque de sincérité et entretient des relations basées sur l'authenticité. Avec lui, l'humour et les surprises vous sont d'ores et déjà acquis.

Ménagez-lui un peu de suspens tous les jours et le Tigre restera un amoureux fougueux et passionné ! Ne manquant ni de charme ni d'attraits séduisants, il a un faible pour les rencontres passionnelles empreintes de romantisme. Il est prêt à se jeter à vos pieds devant toute une assemblée pour demander votre main. Il sait faire rire et vous l'aimerez pour toutes ces qualités. Mais bien que courtois et galant, le Tigre peut aussi vous blesser si, par mégarde, votre amour l'a enfermé dans une cage.

Alors, cet être épris de liberté peut devenir enragé et s'enfuir au loin. Il faut lui promettre une vie folle et enlevée si vous voulez qu'il vous fasse danser sur la mélodie du bonheur. Attention à la routine qui parfois s'installe sans qu'on puisse s'en apercevoir car quand le Tigre réalise brutalement qu'il désirait autre chose que ce qu'il a, le drame n'est pas loin. Si vous ne lui dévoilez jamais tout, le Tigre vous prouvera dès lors qu'il sait être fidèle, solide et chaleureux. Apprenez-lui toutefois à tolérer de ne pas être le dominant à tous les instants et soyez à ses côtés quand l'énergie vient à manquer, vous aurez ainsi un compagnon d'une immense générosité, prêt à vous décrocher la Lune. Si vous recherchez le grand frisson, partez sur les traces du Tigre. Il vous attend, avec plus d'un tour dans son sac !

L'ASSOCIATION DU TIGRE ET DES ÉLÉMENTS

Le Tigre Métal

Voici un membre des plus surprenants de la fraternité Tigre. S'ils sont considérés la plupart du temps comme des solitaires, celui-ci apprécie plus que d'ordinaire d'avoir de la compagnie ; il sait aussi se montrer un hôte charmant et attentionné.

Bien entendu, c'est avant tout un félin et les griffes risquent de sortir si l'entourage n'est pas suffisamment stimulant. Car le Tigre Métal a besoin de se sentir soutenu énergiquement, autant qu'il soutient les autres, lors des passages à vide que chacun traverse un jour ou l'autre. Il est plus sensible que d'autres signes à l'alternance des moments pleins et des temps de réflexion. Aussi peut-il être sujet parfois à de petites dépressions mais, elles demeurent passagères, si vous ne l'y laissez pas trop longtemps. De ce fait, il apprécie particulièrement la compagnie des artistes qu'il comprend et soutient d'une foi indéfectible.

Son esprit alerte et sa force font de lui un travailleur émérite sur lequel vous pourrez compter pour nourrir la famille, à défaut de mener une vie de château.

Le Tigre Eau

L'Eau a un effet apaisant sur la nature plutôt ombrageuse et réactive du Tigre. Il en devient donc plus tempéré, réellement plus attentif aux idées des autres et à ce qu'ils ressentent.

Tel un bon gros chat en train de veiller, les paupières mi-closes, le Tigre jauge la situation avant de bondir. Influencé par l'Eau, il se soumet plus à son intuition et, du même coup, dissimule beaucoup moins ses intentions.

Comme il est plus posé que ses cousins, vous n'aurez pas à craindre de coups de griffe. Lorsqu'il n'est pas aussi raisonnable, il est alors plus occupé à contenter ses désirs soudains, qu'ils soient bien vus ou non par la société. Le Tigre Eau a donc une personnalité riche en contradictions, mais ne dit-on pas que le cœur a ses raisons ? Car vous avez aussi devant vous un ardent défenseur des opprimés, qui voit dans ce genre de luttes un excellent moyen d'utiliser ses facultés intellectuelles.

Pour lui, tout nécessite une approche particulière, y compris l'amour. Avec la petite touche personnelle qu'il met à chaque rencontre, vous n'êtes pas au bout de vos surprises. Il vous accordera beaucoup d'attention et il vous respectera. Un petit conseil, toutefois : comme il fait beaucoup de choses simultanément, ne vous attendez pas à être le seul objet de ses pensées.

Le Tigre Bois

Voici le membre de la famille qui gagne à être rencontré pour sa chaleur et sa stabilité. Il est avant tout amoureux de la vie et semble faire corps avec la nature.

D'un tempérament joyeux, il séduit par sa capacité d'étonner ceux qui l'écoutent. Vous avez peur de vous ennuyer lors d'un dîner ? Demandez-lui de vous accompagner, il aura tôt fait de transformer une assemblée de grognons en un bouquet de rires. Il a toujours une opinion sur un sujet donné et ses interventions ne manquent jamais d'à-propos.

Il témoigne à chacun la même gentillesse, ce qui fait de lui un compagnon de vie très délicat, un peu fleur bleue. Il a le regard d'un poète sur l'amour, aussi vous faut-il être attentif à ses regards car le Tigre Bois est moins expansif que ses cousins. Plus réservé, vous risquez peut-être de passer à côté de lui sans réaliser qu'il vous a déclaré sa flamme !

Il n'est toutefois pas moins énergique et intellectuel que ses cousins, il faut donc vous attendre à courir toute la journée afin qu'il étanche sa soif de connaissance. Il va de découverte en découverte, stimulé par le désir de connaître le plus grand nombre possible de gens et de choses. Le Tigre est sur terre pour apprendre et celui-ci ne demande pas mieux !

Le Tigre Feu

Le sens inné du drame chez le Tigre trouve son maître sous l'influence du Feu. Le Tigre Feu ne fait jamais rien simplement et calmement. Vous ne risquez pas de manquer son entrée en scène car elle a toutes les chances d'être théâtrale. Le retour du grand héros a sonné !

Le Tigre Feu est donc tout sauf timide et réservé. Il est enthousiaste, sans cesse en ébullition, en train de gesticuler au cas où vous n'auriez pas saisi le sens de ses propos. Expansif, énergétique, il ne vous laissera pas de répit tant qu'il ne vous sentira pas convaincu par ses arguments. Et, d'ordinaire, cela fonctionne car il est extrêmement difficile de résister à son bonheur communicatif.

Le Tigre Feu est né pour être orateur et son charisme fait des miracles. Bien qu'acclamé par les foules, il se révèle être un individualiste qu'il ne fait pas bon enfermer dans une cage, même dorée !

Fidèle en amitié, il l'est aussi en amour si vous vivez votre vie et lui laissez vivre la sienne. Ainsi, au hasard de ses retours à la maison, il vous prouvera sa passion et son attachement. Ne considérez pas son attitude comme une marque d'indifférence car elle n'en est pas une. S'il a besoin de prendre l'air, jamais trop longtemps ni trop loin d'ailleurs, ce n'est certes pas pour se faire oublier. À courir tant de projets en même temps, vous pouvez en tout cas être assuré qu'il n'aura pas l'occasion de vous ennuyer au quotidien !

Le Tigre Feu est un idéaliste qui se partage entre tant de causes qu'il perd parfois la notion de la réalité. Il peut donc lui arriver de blesser les autres involontairement par son absence ou son manque de tact. Si vous n'êtes pas susceptible et que vous recherchez un porte-parole pour vos droits, partez vite retrouver le Tigre Feu quelque part sur la scène de la vie. Vous n'aurez pas de mal à le reconnaître, il aura le rôle de celui qui occupe le plus d'espace… le moins discrètement possible !

Le Tigre Terre

Voici le Tigre le plus raisonnable de sa fraternité. Habituellement enthousiaste et d'un caractère plutôt emporté, l'influence de la Terre va donner au Tigre l'occasion de se contrôler et de ne pas perdre toute notion de la réalité.

En fait, son sens aigu des responsabilités ne lui permettrait pas ce genre d'excès. Doué d'un esprit pratique et d'une patience à toute épreuve, il peut aisément supporter un dur labeur et accepte volontiers de passer par de longues périodes d'efforts afin d'atteindre le but recherché.

Il est difficile de détourner le Tigre Terre du chemin qu'il s'est fixé et qu'il poursuit sans faillir. Il n'est pas non plus dans ses habitudes de changer d'occupation quand il en serait lassé car sa vie est très peu basée sur l'immédiat.

Le fait qu'il soit terre à terre ne signifie pas qu'il manque de charme romanesque ni de sensibilité. Il est au contraire capable d'éprouver de grandes passions et reste fidèle à la personne choisie, tant que celle-ci ne lui fait pas subir de pression. Comme il ne fait pas toujours très attention à ce que ressentent les autres, il peut lui arriver de blesser, mais gardez-vous de le lui faire un peu trop remarquer. Il est tellement sérieux qu'il lui faut veiller à ne pas se laisser prendre à son jeu, d'autant plus qu'il perd facilement le sens de l'humour.

Si vous avez une nature plutôt expansive, ne montrez pas trop ce que vous éprouvez pour lui car il aurait vite fait de disparaître dans le décor. N'oubliez pas que le Tigre, naturellement original, est arrêté dans ses élans par l'élément Terre, aussi pourrez-vous compter sur lui pour vous faire vivre une histoire d'amour éternelle sans risque d'en altérer la passion…

4
LE LIÈVRE

1903	1915	1927	1939	1951
1963	1975	1987	1999	2011

兔

L'ANNÉE DU LIÈVRE

L'année du Lièvre se situe entre deux années particulièrement agitées, à savoir celle du Tigre et celle du Dragon. Aussi donne-t-elle l'impression du repos après la tempête, plus exactement entre deux tempêtes. Elle permet de reprendre des forces, de respirer plus calmement et de retrouver la sérénité.

Rien ne doit être tenté par la force, la violence, c'est au contraire une période favorable aux négociations de toutes sortes, aux relations diplomatiques. L'heure est à l'entente ou du moins aux compromis.

Elle est bénéfique pour les femmes, disaient les Chinois, tant dans leur vie privée que professionnelle. C'est d'ailleurs sous le signe du Lièvre que fut instaurée l'Année de la Femme (1975).

Elle favorise également les progrès, qu'ils soient d'ordre scientifique ou encore artistique. Clin d'œil de l'Histoire, en 1915 (sous le signe du Lièvre), la théorie générale de la relativité d'Einstein vit le jour.

LA PERSONNALITÉ DU LIÈVRE

Le Lièvre est le quatrième animal du zodiaque soumis à l'influence du Yin. Il est respecté en Chine pour ses rapports avec le monde intérieur, l'invisible.

D'une nature plutôt discrète et timide, le Lièvre se sent plus à l'aise en coulisses que sur scène. Secret sans être sauvage, il aime la compagnie si les regards ne sont pas dirigés sur lui, d'où sa préférence à faire partie d'un groupe homogène. Il déteste tout ce qui a trait aux conflits car il est un fervent amoureux de la paix et n'a pas de prédispositions pour l'agressivité. Comme tout être humain, il peut ressentir de la colère, mais elle se manifestera rarement par une explosion de violence. Il fera plutôt preuve d'une grande maîtrise de soi et modulera sa voix afin de contenir sa rage. Il parvient à éviter ses soubresauts grâce à sa nature conciliante : il est très rare qu'il ne parvienne pas à trouver un terrain d'entente, même avec le plus obstiné.

D'un calme légendaire, que certains pourraient être tentés d'associer à lenteur d'esprit, le Lièvre est reconnu pour son sens de la diplomatie. Il est un habile négociateur, communiquant avec grâce et aisance, écoutant avec attention. Percevant les pensées cachées des autres, il prévient les difficultés, sans se mettre en avant. En raison de son grand besoin de sécurité, il est plus épanoui s'il peut prendre ses décisions dans un encadrement bien établi. Très sensible, raffiné, le Lièvre se dirige souvent vers des carrières artistiques et les réussit… en silence. La gloire lui importe peu.

Si vous préférez aux gestes expansifs des qualités sincères, vous trouverez en lui un ami inconditionnel. Il vous soutiendra quoi qu'il arrive et quoi qu'on puisse dire à votre sujet et vous conseillera avec délicatesse, si tel est votre souhait. Comme il aime peu se faire remarquer, même quand il est question de s'amuser, vous avez de grandes chances de le rencontrer dans une association ou dans un club, noyé dans la foule, visage anonyme parmi tant d'autres…

En amour, le Lièvre fait preuve d'autant d'affection que de sensibilité, se protégeant du monde par une façade polie et soignée. Ne le pensez pas froid ou indifférent, c'est juste qu'il redoute si fort les conflits et les blessures qu'il ne se livre pas spontanément. Comme il en faut peu pour que les larmes lui montent aux yeux, vous auriez tôt fait de savoir que son cœur est à la merci de vos flèches. Romantique, le Lièvre est donc sujet à la passion mais elle demeure très souvent dans les limites du raisonnable. Vous avez donc en lui les qualités d'un prince charmant qui restera à vos côtés si vous ne lui faites pas la guerre et si vous faites preuve d'une tendre protection.

L'ASSOCIATION DU LIÈVRE AVEC LES ÉLÉMENTS

Le Lièvre Métal

Voici un Lièvre à la personnalité plus tranchée, plus intense en apparence, soumis à l'influence du Métal, élément qui lui apporte une plus grande stabilité et qui chasse la timidité inhérente à ce signe.

Le Lièvre Métal s'investit passionnément dans tout ce qu'il fait et vous pourrez difficilement le détourner de sa route. Son intuition agit sur son ambition et lui ouvre les portes de la réussite, surtout dans des domaines créatifs. Malgré un enthousiasme discret, il pourrait bien vous surprendre un jour en se révélant l'artisan d'un projet devenu mondialement connu…

Le Lièvre Eau

La sensibilité du Lièvre est exacerbée sous l'influence de l'élément Eau. Pas étonnant, donc, qu'il se tienne loin de tout ce qui peut ressembler à une forme de querelle, choisissant plutôt de s'épanouir en se laissant porter par le courant, avec lequel il fait corps tant il a besoin de ne pas être remarqué. Heurtant sa nature tranquille et paisible, l'agressivité le désarme. Compte tenu de sa grande vulnérabilité, il préfère parfois rester seul plutôt que de se trouver en mauvaise compagnie.

Pourtant, le Lièvre Eau est sociable et il le prouve à ceux qui l'entourent et le protègent. Doué d'une qualité d'écoute rare, sa générosité séduit le monde extérieur, qui peut malheureusement en abuser. Il lui faudrait simplement apprendre à accorder sa confiance avec un peu moins de fluidité.

Le Lièvre Bois

L'élément Bois accentue encore plus le besoin de sérénité associé à ce signe, au point de faire paraître le Lièvre Bois hésitant dans la moindre de ses actions car il répugne à blesser qui que ce soit. Afin que le monde autour règne en paix, il prendra des précautions infinies dans ses rapports avec les autres. À ses yeux, tout ne doit être que « luxe, calme et volupté », autrement il en souffre.

Peu loquace à propos des autres et aussi peu loquace à son sujet, le Lièvre Bois accepte souvent passivement les décisions d'autrui, même si elles sont contraires à ses désirs. Vous lui seriez d'un grand secours en le faisant réagir de temps en temps afin que ses sentiments soient connus, au moins de vous !

Le Lièvre Feu

Voici la bombe émotionnelle de la famille ! En effet, au contact du Feu, la timidité du Lièvre s'est faite littéralement foudroyer. Prêt à s'embraser pour une cause, le Lièvre Feu est certes plus expansif que ses cousins. Son enthousiasme, sa vivacité et sa spontanéité n'en font toutefois pas un extraverti prêt à exposer ses sentiments en public.

Passionné, il conduit ses projets à la réussite car il sait faire preuve de diplomatie dans ses élans. Tout comme ses cousins, il redoute l'amorce du moindre conflit ; il n'est donc pas question pour lui de laisser poindre l'agressivité. Même s'il se fait moins discret quand il s'est investi dans une action, il n'en recherche pas moins une vie paisible. Audelà de sa fougue juvénile, vous découvrirez auprès de lui l'élan joyeux d'un cœur sincère et fidèle.

Le Lièvre Terre

Influencé par la Terre, le Lièvre, d'un naturel timide, redouble ici de prudence. Esprit concret et réflexion intellectuelle poussée s'imposent en toutes circonstances. Il est en contact permanent avec la réalité et construit sa vie en fonction d'un élément primordial : la sécurité.

Il faut de la stabilité émotionnelle et professionnelle au Lièvre Terre car il ne supporte pas le déséquilibre. Il suit tranquillement le chemin qu'il s'est tracé et peut même faire preuve d'égoïsme si ses projets sont menacés et si sa sérénité est remise en cause. Rassuré, il vous offrira une vie confortable et douillette et vous pourrez compter sur lui jour et nuit, au chaud dans votre... terrier !

5
LE DRAGON

1904	1916	1928	1940	1952
1964	1976	1988	2000	2012

龙

L'ANNÉE DU DRAGON

L'année du Dragon est animée par l'énergie Yang et caractérisée par une atmosphère dramatique. Tout peut se produire sous cette influence, surtout l'inattendu, souvent avec force, voire avec violence. Ce climat de tempête est attribuable au caractère imprévisible des événements.

L'année du Dragon s'inscrit malgré tout sous le sceau du développement international, qui, rappelons-le (1940), peut aussi se faire au détriment d'autrui. Mais les années du Dragon n'ont pas toutes été aussi funestes ; certaines ont favorisé l'émergence de grandes fortunes et de projets d'envergure démontrant ainsi que les risques encourus sont parfois récompensés.

Au cours de l'année du Dragon, on constate que les Arts et la Culture bénéficient d'un grand soutien et sont des activités florissantes, surtout s'il s'agit d'œuvres faisant preuve d'une grande originalité. Car le bizarre et l'inattendu font corps avec l'année du Dragon. Aussi y accueille-t-on des nouveautés de toutes sortes. Ce fut notamment le cas en Chine, en 1988, où le milieu de la mode effectua un virage radical en proposant les shorts et les fameux « bas qui tiennent tout seuls », des vêtements bien étranges aux dires de certains Chinois !

L'année du Dragon correspond aussi à une période prospère en matière de mariage et de naissance car les Chinois considèrent depuis toujours que le Dragon porte bonheur. C'est donc une année favorable à l'expansion, soumise toutefois à votre bonne étoile pour la suite. Si l'envie vous prend de créer une entreprise ou de participer à un événement majeur, l'année du Dragon devrait vous apporter le succès.

LA PERSONNALITÉ DU DRAGON

Cinquième animal à figurer dans le zodiaque chinois, le Dragon est le signe le plus respecté d'entre tous — il l'était encore plus sous le règne des empereurs. À la différence des autres signes qui font référence à des animaux bien réels, tant pour les Occidentaux que pour les Orientaux, celui-ci fait appel à l'imaginaire, à l'impalpable.

Afin de mieux cerner sa personnalité, examinons de plus près le profil qu'en tracent l'Histoire et la tradition. On reconnaît le dragon comme une entité puissante, susceptible d'apporter la prospérité et de repousser les démons. En raison de son énergie Yin (provenant de sa relation avec l'élément Eau), et de son énergie Yang (dont il est naturellement pourvu), les Chinois lui attribuaient le pouvoir d'accorder l'abondance. Il n'est donc pas étonnant qu'il ait été considéré par de très anciennes coutumes comme le dieu de la pluie qui apporte la bonne fortune et symbolise la Vérité. Pour les Taoïstes (instigateurs de la première philosophie chinoise, le Taoïsme), le Dragon incarne une valeur hautement spirituelle, alors que pour Confucius il devient le symbole de l'Empereur, celui qui assure le lien entre le ciel et la terre et garantit l'ordre cosmique. Précisons qu'il existe une grande variété de dragons. L'un d'entre eux, connu sous le nom de « Dragon bleu vert », symbolise l'Orient. Vivant à l'est et associé au Soleil levant, on lui attribue les premières précipitations printanières. Pour faire tomber la pluie et s'assurer ainsi une bonne récolte, de nombreuses fêtes sont organisées « le deuxième jour du deuxième mois » pour célébrer le retour des « dragons bleu vert » qui, ayant passé l'hiver sous terre et voulant en sortir, provoquent le tonnerre, engendrant ainsi les premières pluies.

Rien à voir, donc, avec les références occidentales qui font de lui un ennemi mortel à combattre. Vous avez plutôt devant vous le signe du pouvoir par excellence, de l'autorité naturelle. Le Dragon est le symbole de celui qui suit ses propres lois, refusant l'ordre social et encourant sans peur l'anathème. Libre d'esprit il est et demeurera, quoiqu'en pense autrui. Son espace ne connaît pas de frontières et sa maison correspond au ciel et aux nuages. Jamais rien ne l'enchaînera. Les principes et les règles existent pour les autres, mais pas pour lui.

Doté d'une énergie peu commune, il est une véritable bombe à retardement. Extraverti comme nul autre, flamboyant, il est toujours excité par l'imprévisible, le nouveau et l'original. Il est ambitieux pour tout et réussit très souvent ce qu'il entreprend. Le moins que l'on puisse dire, c'est qu'il ne passe pas inaperçu. Mais précisons qu'il n'agit pas ainsi dans le but de se faire remarquer. C'est inscrit dans sa nature!

D'une manière ou d'une autre, le Dragon parvient toujours à ses fins. Et ce sont les places les plus élevées qu'il a l'habitude de convoiter dans la société. Toutefois, son ambition débordante et son enthousiasme communicatif risquent de l'épuiser avant qu'il n'ait atteint son objectif, le laissant ainsi quelque peu amer. Très souvent, sa fierté orgueilleuse l'empêche de demander de l'aide ou d'accepter le soutien que pourrait lui offrir son entourage. Pourtant, il est toujours prêt à rendre service aux autres.

C'est aussi un travailleur acharné, pour peu qu'il ne reçoive pas d'ordre. Il ne supporte pas la routine et se tire toujours très bien d'affaires quand on lui confie un travail qu'il doit accomplir seul. Il s'investit alors corps et âme, vivant comme un ascète. Son talent personnel repose sur son originalité et sur son génie visionnaire. Il est de ceux qui vont vous parler d'une nouvelle maison quand vous ne voyez encore qu'un dessin sur papier et des cailloux. Il est prêt à accepter tout changement qui s'avère nécessaire, du moment qu'il reste sous les projecteurs.

En amitié, son charisme fait que l'on recherche sa compagnie. On apprécie beaucoup son exubérance, sa générosité, sa spontanéité et sa grande disponibilité. Mais il demeure, au fond de lui, un solitaire et n'éprouve pas réellement la nécessité de se lier avec autrui. Si on vient le chercher, il viendra de bonne grâce, mais si on le laisse dans son ciel, il ne le quittera pas de lui-même. Une telle attitude lui vaut d'ailleurs souvent des critiques car il peut ainsi blesser les plus sensibles ou gêner les plus réservés, les plus timides. Il vous faut donc préserver votre espace vital face à un tel dynamisme débordant. Mis à part ce petit côté envahissant, le Dragon s'avère un allié sûr dans des situations graves et la fidélité n'est pas un vain mot pour lui. Un ami, c'est pour la vie et, si celui-ci vient à le trahir, le Dragon en ressentira une profonde tristesse et ira voler plus loin.

En amour, il est irrésistible, doté d'un formidable magnétisme. Il sait faire rire, il est brillant et promet une rencontre à une vitesse échevelée. Il n'est jamais fatigué, a toujours envie de découvrir un nouvel espace ou de rouler à vive allure le long d'une côte. Attention toutefois car, si vous le pensez sensible, vous risquez d'être blessé. Le Dragon est très souvent égoïste et son manque de délicatesse et de tact pourrait laisser des cicatrices longues à refermer. Son besoin éperdu d'indépendance passe rarement au second plan, à moins que vous ne réussissiez à l'intriguer et à l'amuser tout à la fois. Il aura ainsi le désir constant de mieux vous connaître. À défaut de l'avoir capturé, vous serez parvenu à le captiver. Terriblement orgueilleux, il daigne respecter seulement ceux qui osent le regarder droit dans les yeux. Si tel n'est pas le cas, passez votre chemin, il vaut mieux éviter ses colères et son mépris.

Mais s'il est ainsi capable de blesser et de décevoir, pourquoi le Dragon plaît-il autant ? C'est sans doute parce qu'il dégage un profond et vibrant bonheur de vivre auquel on résiste difficilement. Il apparaît comme un magicien apte à réaliser vos rêves les plus fous. Car, à son contact, l'impossible devient possible. L'intensité et le plaisir sont au rendez-vous si un Dragon vous aime, ce qui ne va pas sans drame, compte tenu de son caractère qu'il n'a pas le moyen de tempérer. Il exigera une attention de tous les instants et vous fera sortir de votre réserve, alors que vous, vous ne saurez pas ce qu'il pense. Car dissimuler ses sentiments est un art consommé chez le Dragon. Toutefois, même si par moments vous vous sentez au bout de votre résistance, vous aurez toujours le loisir de partager la passion qui est l'élément moteur du Dragon.

L'ASSOCIATION DU DRAGON AVEC LES ÉLÉMENTS

LE DRAGON MÉTAL

On peut dire de lui qu'il vaut mieux être son ami que son ennemi. Voici un véritable commandant d'armée, honnête, droit mais intolérant. Il ne dédaigne pas être aimé mais il veut par-dessus tout être obéi. Il n'est donc pas facile à vivre. Ses colères sont redoutables et il vaut mieux s'armer de courage et de solides arguments pour le contredire.

Son énergie est colossale et s'il s'en sert à bon escient, vous le verrez continuer à se battre pour une cause quand bien même le monde entier l'aurait abandonné. Le regard et le soutien des autres lui importent peu s'il a jugé la cause juste. Il est donc un allié particulièrement fidèle et solide en cas de détresse. C'est ce côté chevaleresque qui le rend si attendrissant et tempère ses aspects moins agréables à l'égard d'autrui. Car là réside son principal problème : se sachant intelligent, il a souvent tendance à se considérer comme un génie.

La vie étant pour lui une éternelle compétition, son compagnon a intérêt à savoir marcher à son rythme. Mais s'il daigne devenir humble, le Dragon Métal saura vous toucher… et non vous brûler !

LE DRAGON EAU

Ne vous y trompez pas, ce Dragon-là n'est pas moins apte que ses cousins à dominer, voire à blesser. Ce n'est pas parce qu'il subit une influence aquatique qu'il va être moins… colérique ! Il n'en est rien, les foudres de ce Dragon sont tout aussi redoutables.

L'élément Eau lui apporte toutefois une note de sensibilité qui lui fait défaut en général. Il est donc de ce fait plus sociable, amical et toujours fidèle envers ceux qu'il a jugés comme étant dignes de lui. Il est quelqu'un sur qui on peut compter car quand il donne sa parole, il la tient.

Comme il cherche moins que les autres membres de sa fraternité à être vu, il a ainsi le recul nécessaire pour percevoir plus justement la réalité. Mieux disposé à regarder les gens en face et à leur parler directement, sans les prendre de haut, il s'avère donc plus facile de collaborer avec lui, d'autant plus qu'il a la réputation d'être un travailleur acharné.

Plus sensible, donc, et très fidèle, voici un Dragon attaché à sa vie de famille, qu'il protégera contre l'adversité qu'il transforme habituellement en réussite !

Le Dragon Bois

Voici le membre de la fraternité des Dragons le plus humain, le moins égotique et sans doute le mieux compris ; car au-delà des caractéristiques propres à ce signe, le Dragon Bois est le plus à même d'exprimer ses sentiments. Il est donc plus aisé de comprendre ce qu'il veut ou pense et de prévenir ses colères…

Il ne faut toutefois pas le sous-estimer car, derrière un abord parfois distant, le feu brûle toujours et il n'en demeure pas moins direct, décidé, obstiné. Infiniment plus affectueux que ses cousins, il n'hésite pas à démontrer qu'il l'est à tous ceux qu'il aime. Même s'il est d'un tempérament fougueux et passionné en amour, vous risquez de ne pas le voir souvent à la maison car il a tendance à se laisser accaparer par son travail.

Si vous appréciez de vivre à deux tout en conservant une grande indépendance, car il est avant tout individualiste… et compte bien le rester, le courageux et loyal Dragon Bois ne vous décevra pas.

Le Dragon Feu

Repousser indéfiniment les limites de l'extrême est le mot d'ordre de ce membre terriblement explosif de la famille Dragon. Il fait feu de tout bois ou plutôt de toute expérience. Comment pourrait-il en être autrement puisque tous les traits les plus aigus de sa personnalité sont ici décuplés, exacerbés ?

Le Dragon Feu ne connaît en fait qu'un seul ennemi : lui-même. En effet, rien d'autre ne semble pouvoir l'arrêter dans ses expéditions. Aussi pourrez-vous le rencontrer si vous êtes vous-même amateur de raid dans le Grand Nord ou de chasse au trésor sous-marine, dans des eaux hostiles de préférence. Qui sait, après l'avoir suivi une fois, vous choisirez peut-être de l'attendre sur la terre ferme en vous disant qu'une seule personne à la fois risquant sa vie, c'est bien suffisant !

Le danger réside aussi dans son enthousiasme communicatif, grâce auquel il peut, mieux que personne, vous amener à penser ou à faire ce qu'il veut. Contre toute attente, le Dragon Feu n'en demeure pas moins sérieux dans ses relations avec autrui. Et pour ce qui est de l'amour, pas question de badiner !

Le Dragon Terre

Un Dragon peut-il être un volcan relativement tranquille, rarement en éruption ? Eh bien oui, vous répondra le Dragon Terre qui, s'il est moins brillant au premier regard que ses cousins, a par contre le mérite d'être moins aveuglé par les apparences et de prendre plus son temps pour réfléchir ! Il pense avant d'agir et sait généralement garder son calme. Il contrôle ainsi mieux ses ardeurs, ce qui n'en fait pas pour autant un glaçon !

En plus d'être très sociable, sa compagnie ne laisse pas redouter de colère soudaine. Pour lui, le sens de la famille s'applique autant à l'amitié qu'à son couple. Et n'allez surtout pas croire que sa nature tempérée, qui est davantage une preuve de constance, exclut toute passion de sa vie amoureuse.

Comme il est aussi plus raisonnable, plus réaliste et surtout plus patient que les autres membres de sa fraternité, il faut s'attendre à une bataille de longue haleine quand il s'oppose à une décision ou un projet. Plutôt que de se mettre en colère, il laissera mûrir ses plans très longtemps afin d'aboutir au succès. Il n'est donc pas étonnant qu'il soit de ce fait le membre le plus apprécié de toute sa famille, parfois un peu trop… enflammée!

6

LE SERPENT

1905	1917	1929	1941	1953
1965	1977	1989	2001	2013

蛇

L'ANNÉE DU SERPENT

L'année du Serpent va apporter un petit souffle de fraîcheur après l'intensité dramatique de l'année du Dragon. Sous l'influence du Yin et parce que le Serpent est aussi associé à l'eau, les effets incendiaires de l'année précédente devraient s'apaiser et ramener un peu d'ordre et de sérénité pour tout le monde.

Ne vous laissez pas toutefois abuser par cette tranquillité qui n'est qu'apparente. Elle peut vous permettre de retrouver votre équilibre et vos esprits, sans pour autant promettre une réelle paix ! Elle laisse le temps à chacun de reprendre son souffle mais elle cache en son sein un autre effet tout aussi pernicieux, la duplicité. Il ne fait pas bon, sous le règne du Serpent, faire confiance aux charmeurs et mieux vaut se tenir sur ses gardes. Ne prenez pas les promesses et les belles paroles des inconnus pour de l'argent comptant car cela risquerait de vous coûter cher ! C'est une période pendant laquelle vous avez intérêt à lire les contrats que vous aurez à signer dans les moindres détails et à ne rien laisser au hasard.

Le climat général est à l'hypocrisie et à la machination. Il peut vous sembler que tout le monde complote contre tout le monde, c'est en tout cas l'image que reflète la société. C'est l'année rêvée pour voir des scandales scabreux surgir du silence et les bonnes mœurs vont être solidement ébranlées ! En politique comme en amour, l'heure est à la manipulation et au règlement de comptes, sans se soucier de l'impact du projectile.

L'économie mondiale en ressent aussi les effets par d'importantes fluctuations qui peuvent tourner au bénéfice de certains mais pas du plus grand nombre. Les États-Unis en ont subi les conséquences, pendant longtemps d'ailleurs, après l'effondrement boursier de 1929. L'essor culturel et artistique est quant à lui prodigieux car il se nourrit de peu et le scandale n'est pas pour déplaire à certains !

LA PERSONNALITÉ DU SERPENT

Le serpent n'est guère plus aimé dans la tradition chinoise qu'il ne l'est en Occident. Toutefois, certaines croyances et légendes font état d'un respect à son égard.

Dans l'Antiquité, on rendait un culte à cet animal car le dieu des fleuves (le fleuve permettant à la terre d'être fertile) était souvent représenté sous la forme d'un serpent. C'est pourquoi le serpent est traditionnellement associé à l'Eau et à la Terre, donc au Yin. Afin de contenter cette divinité, de nombreuses représentations théâtrales étaient données en son honneur dans les régions concernées, dont celle du Fleuve Jaune.

Deux contes attribuent aussi des aspects positifs à cet animal. Le premier raconte qu'un petit garçon sauva la vie de l'un d'entre eux. Pour le remercier, le serpent fit apparaître miraculeusement des richesses devant lui. L'Empereur exigea alors que le serpent lui donne son foie. Le petit garçon le lui demanda mais le serpent, choqué par tant d'ingratitude, l'avala ! Ici, vous retrouvez deux valeurs fondamentales en rapport avec l'animal. D'une part, il est souvent question en Asie de serpents qui font apparaître de l'or ou des biens précieux. D'autre part, la médecine chinoise a toujours reconnu des vertus au foie de serpent, d'où la requête de l'Empereur.

Le second conte, celui du « Serpent Blanc », parle d'un serpent qui emprunta les traits d'une femme pour pouvoir épouser l'homme dont il était amoureux et à qui il apporta la richesse. Tout aurait été parfait si le mari n'avait pas rencontré un moine bouddhiste le persuadant de la présence néfaste de sa femme. Enceinte, elle mit au monde un enfant et vécut dès lors isolée dans une pagode à proximité du Lac de l'Ouest (près de la célèbre ville de Hang Zhou). Son fils, devenu un grand lettré, lui aurait toujours témoigné beaucoup de respect.

Ainsi en vient-on à parler des rêves de serpents associés aux enfants. Il est dit dans la tradition que rêver d'être poursuivi par l'un d'entre eux est un signe de bonheur et de prospérité. Rêver d'un serpent noir annoncerait la naissance d'une fille, d'un serpent gris et blanc, celle d'un garçon. Mais il n'échappe pas à la réputation moins honorable que lui confèrent tous les peuples. La philosophie chinoise lui attribue une place dans le cercle fermé des Cinq Poisons ou Animaux Venimeux. Ses quatre compagnons sont : le mille-pattes, le scorpion, le lézard et le crapaud...

Alors doit-on avoir peur de ce sixième signe zodiacal ? Il semble bien que non puisque l'astrologie chinoise le considère comme le signe le plus spirituel et le plus mystique de tout le zodiaque. Et les Chinois le vénèrent pour son don d'attirer l'argent. Étant reconnu comme le gardien du trésor, il serait même bon d'en avoir un chez soi !

Subtil et secret, le Serpent ne se dévoile qu'à de rares privilégiés car il est passé maître en la matière pour cultiver le mystère. Le moteur principal de ce signe est l'intuition, dont il fait un usage quotidien tant dans sa vie privée que professionnelle. Il a toujours l'air d'être en communication avec l'impalpable et il semble bien difficile à affoler. En cas de crise, il fait preuve d'un rare sang-froid. Calme et posé, il serait capable de parler de métaphysique pendant un tremblement de terre. Ses conversations ne sont jamais superficielles et doivent avoir leur raison d'être. Vous ne l'entendrez pas parler pour ne rien dire, d'autant plus qu'il ne possède pas un grand talent de communicateur. Non pas qu'il ne soit pas attirant, bien au contraire, le parfum du Serpent teinté de mystère lui vaut d'être recherché et apprécié. Mais il demeure impénétrable, derrière un air affable et des manières courtoises. Malgré un style de vie contemplative, son esprit est en activité constante et on s'en rend compte le jour où l'on découvre où il voulait en venir. Quand il a décidé de parvenir à un but, il met en œuvre toutes ses capacités psychiques et se laisse aussi guider par son intuition.

Ne vous fiez pas à son air réservé car il n'hésite pas à manipuler adroitement et même délicatement tous ceux qui peuvent lui servir. Il agit selon sa propre logique et ses actes sont imprévisibles. Aucun domaine ne lui fait peur, surtout si c'est abstrait ; son don pour la réflexion fait alors merveille. Il est donc très apprécié pour des missions faisant simultanément appel à la patience et à l'intuition. Mais il ne faut en aucun cas lui demander de travailler lors d'une soirée mondaine car sa discrétion ne parviendrait pas à cacher le fond de ses pensées ! En effet, si secret soit-il, il ne tarderait pas à manifester sa lassitude s'il juge l'occupation superficielle.

Il apporte à chaque instant une grande concentration, ce qui ne lui demande pas de réels efforts. Il peut alors donner l'impression d'être un peu paresseux, en tout cas de moins travailler que les autres. Ne vous y trompez pas, il est parfaitement capable de tout comprendre et de trouver la solution dans un temps record si la situation l'exige. Autrement, il ne voit aucune raison de se faire du souci pour rien et suit son rythme. Personne ne vient généralement se plaindre du résultat car son travail est toujours méticuleux et précis. En effet, rien n'échappe à sa vigilance et à sa perspicacité. Il est là où il faut, quand il le faut. Mais on peut lui reprocher parfois, à cause de son petit côté secret, d'avancer tout seul vers le but final, laissant ainsi aux autres l'impression qu'ils n'y seraient pas parvenus. Ce n'est cependant pas l'effet qu'il recherche. C'est qu'il a simplement l'habitude de travailler en solitaire, capable malgré cela de s'adapter presque partout lorsqu'il change de place, ce qui arrive souvent... mais d'un pas assurément tranquille.

Le Serpent fait preuve de la même approche envers ses amis. En effet, ne le devient pas qui veut car il est difficile, exigeant dans ses choix. C'est donc tout un honneur d'être un de ses élus. Il n'en est pas moins secret pour ses proches qui s'interrogent souvent sur sa personnalité des plus énigmatiques car, même avec les siens, il continue à jouer tout seul, loin des regards. Il ne rejette pas la société pour autant mais jamais il ne va supporter des relations artificielles ou des conversations stériles. Aussi choisit-il soigneusement ses occupations. Il n'est pas non plus indifférent à ce que les autres pourraient lui occasionner comme désagréments. Il vaut donc mieux éviter de lui marcher sur les pieds. Ce n'est pas parce qu'il arrive au Serpent de vous utiliser que cela vous autorise à faire de même! Il peut mettre beaucoup de temps avant de se venger, mais il ne vous épargnera pas, c'est certain!

Comme il faut se méfier de l'eau qui dort, ne vous laissez pas tromper par le Serpent qui est animé de passion en amour!

Il en devient presque condescendant quand il se laisse toucher par la grâce de l'amour. Il est dès lors très possessif, anxieux à l'idée que vous puissiez aller voir ailleurs, alors que son propre goût de l'intrigue pourrait très bien l'amener à vivre une aventure hors mariage. Car tout ce qui est secret est susceptible de lui procurer les frissons dont il raffole en amour. Il est le symbole le plus représentatif des héros ombrageux et fougueux de tous les romans, laissant traîner derrière lui un lourd parfum de fatalité... Comme il existe peu de gens qui résistent à un tel traitement, ses critères de sélection sont parfois terribles. En plus de posséder beauté et charme, vous devrez faire preuve d'intelligence, de vivacité d'esprit et d'humour. Capable d'être virulent et agressif s'il se sent blessé, il vaut mieux vous assurer de votre propre résistance mentale et psychique avant de vous laisser hypnotiser. Si vous recherchez une relation profonde et passionnelle, le Serpent vous comblera car il est un ennemi juré de la légèreté de l'être!

L'ASSOCIATION DU SERPENT AVEC LES ÉLÉMENTS

Le Serpent Métal

Si le Serpent est naturellement animé d'une volonté farouche le poussant à obtenir ce qu'il désire, l'élément Métal va en décupler les effets.

Son confort dans la vie de tous les jours étant prioritaire, il se met en action pour obtenir ce qu'il désire, puis il se cantonne discrètement au repos. Il n'est pas à proprement parler paresseux mais, une fois la tâche accomplie, il s'entend mieux que personne pour distribuer le travail qui reste à faire tout en ayant l'air de se rendre utile. Il est sans égal pour vous faire sentir sa présence et son soutien pendant que vous effectuez une corvée; il vous tiendra une conversation des plus enrichissantes pendant que vous ferez la cuisine et la vaisselle par exemple. Ou bien après vous avoir adroitement demandé si vous aviez besoin d'aide, tout en connaissant d'avance la réponse, vous le retrouverez en train de faire la sieste... malgré un travail urgent à finir!

Mais il saura vous apporter tout de même le nécessaire et le superflu car il aime le luxe et le fait partager. Il ne manque pas de générosité envers les siens, qui peuvent par contre lui reprocher de demeurer solitaire et secret, comme tous les autres membres de sa famille.

Le Serpent Eau

Voici le membre de la famille Serpent le plus remarqué pour la puissance de son psychisme. Naturellement cérébral et attiré par l'univers mystique, le Serpent voit cette capacité multipliée à l'infini par l'élément aquatique.

L'intuition coulant de source, associée à la puissance de son intellect, en fait un être d'exception. Il possède toutes les qualités requises pour devenir un dirigeant écouté et respecté. Il pourra assumer de lourdes responsabilités sur la scène internationale et réaliser de grands projets. Il n'est cependant pas dévoré par l'ambition au point de sacrifier tout le monde pour parvenir à ses fins. Il est certes secret et ne dévoile pas plus ses intentions que ses cousins mais il veillera à ne pas blesser les autres. Il est trop sage pour agir ainsi!

Bien qu'il soit d'un naturel réservé, il n'en est pas moins chaleureux avec les siens, qui apprécieraient tout de même qu'il se confie davantage. Encore qu'ils ne doutent pas un instant de sa fidélité et de sa loyauté, ses proches se sentiraient parfois moins seuls si le Serpent Eau acceptait plus souvent de partager ce qui occupe ses pensées.

Le Serpent Bois

Voici le membre le plus stable du clan Serpent, grâce à l'élément Bois. Il est donc beaucoup plus présent pour les autres et sa compagnie est des plus recherchées. Car il témoigne d'une réelle sollicitude envers une âme en peine et n'est pas avare en prodiguant son affection à tous les siens, amis et famille.

Très chaleureux, il attire les confidences et donne des conseils avec gentillesse. Il lui faudrait par contre apprendre à les mettre lui-même en pratique, de temps à autre!

En attendant, le natif du Serpent Bois est un précieux allié pour les organismes humanitaires car sa nature généreuse et altruiste est conjuguée avec la force cérébrale de sa fraternité. Aussi ne ménage-t-il pas ses efforts quand l'avenir de l'homme est en jeu. Toujours un peu secret, il gagnerait lui aussi à partager ses ennuis avec son entourage qui lui est acquis, écoutant la parole du sage...

Le Serpent Feu

Le Feu a une influence considérable sur la personnalité déjà charismatique du Serpent. En le rendant plus perceptible que ses cousins, il en fait un être moins secret et beaucoup plus expansif avec tout le monde.

S'exprimant plus librement que les autres membres de sa fraternité, le Serpent Feu aura tôt fait de vous charmer car il a le pouvoir de faire s'enflammer ceux qui l'écoutent. Il est un grand prédicateur et, s'il ne se laisse pas emporter par sa propre puissance, il conduit les autres vers des jours plus heureux. Il doit toutefois veiller à ne pas abuser de l'ascendant naturel qu'il possède sur les autres afin de rester un phare pour les égarés dans la nuit de la vie.

Son sens de l'humour étant à la hauteur de la réputation de sa fraternité, aussi vaut-il mieux s'attendre à quelques surprises d'un goût bizarre. Car il ne fait pas toujours attention à ce que les autres peuvent ressentir quand il est occupé à courir les chemins pour conquérir la fortune. Son appétit pour l'argent et le pouvoir le conduit parfois à se croire tout seul. Aussi n'hésitez pas à lui faire comprendre qu'il peut vous faire confiance, même s'il part de l'idée contraire. Vous devez lui apprendre quelle est la différence entre prudence, méfiance et absence de confiance !

Le Serpent Terre

Voici le membre de la fraternité Serpent le plus à même de profiter des joies de la vie. Habituellement inquiet et peu confiant dans la nature humaine, celui-ci bénéficie de la protection de la Terre qui lui permet d'aborder les échanges avec autrui plus sereinement.

Très sociable, il est respectueux des autres, auxquels il offre une affection tranquille. Il accorde plus de foi aux dires et aux faits venant de l'extérieur et attire lui-même plus facilement les confidences. Vous n'aurez pas tort si vous le ressentez plus honnête et plus scrupuleux que le reste de sa famille car il éprouve sincèrement de la sympathie pour les siens. Mais n'allez pas croire que vous pourriez le tromper avec des intentions déguisées car s'il éprouve plus de considération pour l'humanité, il n'en demeure pas moins d'une puissante sagacité !

Comme il aime moins risquer sa place que ses cousins, il compense avec une finesse de jugement qui le fait aboutir au succès, qui sera aussi le vôtre si vous avez partagé ses efforts pour en arriver là.

7
LE CHEVAL

1906	1918	1930	1942	1954
1966	1978	1990	2002	2014

马

L'ANNÉE DU CHEVAL

Sous l'influence du Yang, l'année du Cheval passe à une vitesse… galopante ! Elle prend place sous le signe de l'énergie et de l'action immédiate, laissant peu de temps à la réflexion. Aussi ressent-on une irrépressible envie de courir dans tous les sens, avides que nous sommes de nouvelles sensations et de nouveaux espaces où jouer et s'ébattre.

Le mot d'ordre est donc « expansion » et le désir de changement devient impérieux. Les habitudes, la routine du quotidien paraissent brutalement insupportables et personne n'acceptera facilement d'y être ramené, de gré ou de force… ce qui est plus probable.

L'instabilité ambiante vous donnera le frisson et vous aurez l'impression d'avoir subitement des ailes pour conquérir une plus grande liberté. Comme la société est secouée par les mêmes ouragans, l'économie promet de très bons mais aussi de très mauvais jours qui sont tributaires des investissements effectués précédemment et des relations déjà établies entre voisins. Rappelons qu'en 1918, année sous le signe du Cheval, la fin de la Première Guerre mondiale libérait les populations de quatre années de destruction, laissant toutefois certains pays dans la misère.

Pendant l'année du Cheval, les échanges internationaux transforment la planète en une véritable ruche bourdonnante. Certains en profiteront pour se faire entendre en criant plus fort que d'autres. Ce n'est pas une année pendant laquelle on peut toujours éviter de prendre des risques mais, si on a suivi son instinct, ils peuvent s'avérer payants. Facilement entraîné par le mouvement général, mieux vaut ne pas foncer tête baissée vers l'inconnu et soupeser les conséquences. Sinon les effets pourraient bien se révéler destructeurs pour une période indéterminée. En 1966 éclatait en Chine la « révolution culturelle » ; le pays porte encore les stigmates de ses excès...

Les émotions sont, bien entendu, elles aussi exacerbées et les affrontements au sein de la vie conjugale risquent de devenir quotidiens et de prendre des proportions apocalyptiques, comme sur le plan mondial. Il faut donc accepter de fournir des efforts supplémentaires dans son foyer, bien qu'on ait furieusement envie de changer de champ... de vision ! Quel que soit le choix, mariage ou divorce, l'année du Cheval vous conduira à penser au plaisir dont elle stimule la conquête. Bonne course !

LA PERSONNALITÉ DU CHEVAL

En Chine, dans les temps anciens, le cheval était vénéré en tant que fidèle compagnon de bataille et en tant que divinité. Avoir des chevaux était un signe extérieur de richesse et de pouvoir. Grâce à lui, l'homme pouvait assouvir ses désirs de conquête ou donner suite à ses simples pérégrinations, fort longues, à travers un pays aussi vaste qu'est l'Empire du Milieu. Il était respecté à la fois pour sa robustesse, son allure noble et son indépendance.

La découverte, il y a quelques années, des tombeaux de Xi An est une preuve tangible de l'importance du cheval dans la vie des Chinois. En effet, il n'était pas rare, à cette époque, que des dignitaires de haut rang, a fortiori les Empereurs, demandent à être enterrés avec leurs chevaux ou du moins avec leurs représentations sculptées. C'est ainsi que fut découverte une armée entière en terre cuite qui fait aujourd'hui le bonheur des archéologues et des visiteurs !

Pour tous les Chinois des siècles passés et peut-être encore pour certains aujourd'hui, le culte des ancêtres était une tâche quotidienne à laquelle il n'était pas question de déroger. Il permettait aux esprits des morts de vivre leur nouvelle vie en paix sans avoir envie de venir troubler la famille. Le culte dédié à un ancêtre d'un cheval fut respecté jusqu'à ce que cet animal perde de son importance dans la civilisation moderne.

En philosophie, plus précisément dans le Yi Jing (Yi King), le cheval était le symbole du sexe féminin et le dragon celui du sexe masculin. L'histoire plus récente fait état d'une notion contraire, le cheval est devenu un symbole masculin (donc de l'énergie Yang) et la vache un symbole féminin.

Le mythe du « Cheval Blanc », connu chez nous sous les traits de Pégase, apparaît en Chine avec le bouddhisme, qui le considère comme un symbole de pureté et de loyauté. Le cheval fut également utilisé comme métaphore dans les siècles passés. Des images le représentent avec un homme sur son dos, chargé d'objets précieux. Cela exprimait le désir de la personne d'accéder au rang privilégié de fonctionnaire afin de bénéficier de tous les avantages attribués à ce poste.

Ainsi, le Cheval, septième animal du zodiaque chinois, est respecté pour son caractère vivace et enjoué, comme le fut l'animal pendant plusieurs centaines d'années. À l'image de ce compagnon qui n'aime rien de mieux que galoper crinière au vent — surtout au gré de ses humeurs —, ce signe est sous l'influence d'une énergie frénétique, parfois même explosive. Rien ou pas grand-chose ne l'arrête dans sa course et la moindre pression mettant sa liberté en danger le fait bondir. Il n'en est pas moins sociable pour autant. Il aime bien être entouré et ne craint nullement de devenir le centre des conversations. Il ne le fait pas délibérément (habituellement il n'est pas du tout égocentrique) mais ses commentaires expriment pleinement ce qu'il est : brillant, enthousiaste et drôle.

Sa fougue est très communicative et ceux qu'il entraîne n'ont pas à craindre de mauvaises surprises. Le Cheval n'est pas seulement impétueux, il est aussi responsable et agile. Ce n'est pas une tête folle prête à s'emballer au moindre frémissement car son sens pratique veille à ce qu'il garde les... sabots sur terre !

Son esprit est aussi éveillé que ses sens. Chaque nouvelle situation et chaque nouvelle rencontre représentent pour lui des défis à relever, des obstacles à franchir. Il va ainsi de l'un à l'autre, donnant le meilleur de lui-même, sans pour autant être superficiel. Il possède simplement une aptitude naturelle à tout faire en même temps, sans négliger quoi que ce soit. Un rien vient allumer cette bombe toujours sous pression, ce qui peut lui causer de grands torts, sans toutefois remettre en cause son honnêteté et sa loyauté envers tous ceux qu'il aime. En effet, si le Cheval ne contrôle pas son énergie volatile, elle se mue en colère et ne retombe qu'une fois l'explosion consommée et l'entourage... consumé ! Tout le monde ne lui pardonnera pas, malgré les sincères regrets qu'il pourra exprimer car ses accès de rage sont fréquents et souvent hors de proportion. Aussi vaut-il mieux accepter son besoin irrépressible pour une liberté sans entrave car, s'il part, c'est pour mieux revenir !

S'il exploite judicieusement cette indépendance, on lui offrira des opportunités de carrière dans les hautes sphères où son sens inné de la communication rendra à tous d'immenses services. Capable d'assumer plusieurs postes simultanément et ennemi juré de la routine, les défis ne sont pas pour lui déplaire. Comme il aime soutenir plusieurs discussions à la fois, il agit de même dans sa vie professionnelle en acceptant divers emplois. Cela lui permet d'attendre que se dessine l'avenir le plus intéressant, pour foncer ensuite avec brio vers le succès !

Il est souvent un orateur hors pair car il a un don inné pour toucher le cœur du plus grand nombre, sans jamais s'arrêter aux frontières fictives bâties par l'homme.

Il fait preuve de la même aptitude dans sa vie sociale. Il n'est pas question pour lui de parcourir le monde seul avec lui-même, sans avoir la possibilité de s'abreuver quelques instants à la source de l'amitié. Le Cheval est certes très indépendant mais il n'est pas égoïste et apprécie de pouvoir partager sa vie au sein d'un cercle amical solide et durable. Son esprit de compétition est toujours en éveil mais il ne le fait pas trop subir à ses proches, sauf au cours d'un match par exemple! La solitude affective le rend réellement malheureux, aussi veille-t-il à ne pas manquer de compagnie. Bouillant et impétueux, il n'a aucun mal à rencontrer de nouveaux visages; on vient spontanément vers lui, impatient de découvrir la prochaine destination de ce destrier à l'allure si fière.

Ce voyageur infatigable l'est encore moins dans ses relations amoureuses... au grand désespoir de ses conquêtes! Rien ne va l'arrêter dans sa course, pas même le bonheur qu'il vient de connaître... quelques secondes auparavant au coin de deux continents. La fougue juvénile du Cheval lui fait perdre toute notion de la réalité quand il croise le sillon de l'être idéal, qu'il croyait pourtant avoir rencontré deux semaines plus tôt. Il se laisse chaque fois embraser par le feu de la passion et chaque fois s'en tire sans aucune brûlure. Les sages chinois des temps anciens disaient que le Cheval devenait plus stable affectivement avec la maturité. Encore faudrait-il qu'il réalise qu'il est peut-être temps de se reposer un peu! S'il n'est pas fidèle dans la durée, vous pouvez toutefois être assuré que, dans l'instant, il vous fera tourbillonner... avant d'aller dévaster un autre cœur. Son effervescence peut parfois agacer mais elle se révèle souvent redoutablement contagieuse. Son pouvoir de faire pétiller la vie lui vaut d'ensorceler les regards qu'il croise et de les attacher à ses pas. Peut-être vous suivra-t-il plus longtemps si vous lui résistez et si vous parvenez à courir plus vite que lui?

L'ASSOCIATION DU CHEVAL AVEC LES ÉLÉMENTS

Le Cheval Métal

Voici le symbole même du révolté autodidacte, au charme foudroyant. Si le Cheval est déjà naturellement épris d'indépendance, se nourrissant des frissons de l'aventure, le Métal vient exacerber ce trait de caractère. Vous avez donc une seule chance de le rencontrer: sur les routes de traverse, encore jamais empruntées de préférence!

Son désir de liberté est rarement satisfait, aussi le verrez-vous bondir d'un travail à l'autre, d'un amour à l'autre. Il ne manque pas d'efficacité dans ses activités professionnelles tant que le défi n'est pas gagné. Il n'est pas dépourvu non plus de chaleur humaine et vous aimera, tant que l'appel du large ne se fera pas entendre!

Sa tournure d'esprit fait naître la passion comme par magie, le laissant seul très peu longtemps. Mais comme il se lasse très vite d'un espace devenu trop petit, il repart, au risque d'en laisser d'autres dans la désolation. Le seul remède serait peut-être de parvenir à le rassurer sur votre propre désir de liberté. Ainsi parviendrait-il peut-être à ne plus vivre dans la crainte d'être emprisonné par votre passion, dont il a été pourtant l'artisan!

Le Cheval Eau

Voici le membre le plus inconstant de la fraternité du Cheval. Si le signe est toujours soumis au pouvoir d'une énergie explosive, l'élément Eau va renchérir sa tendance à être partout à la fois, jusqu'à donner l'impression de ne le trouver nulle part, en tout cas pas là où il était attendu!

Il n'a pas fini de vous surprendre par ses contradictions car sa facilité d'adaptation le rend incapable de se décider sur ce qui lui convient. Il est épuisant à suivre mais la demande ne lui fait pas défaut car sa compagnie est des plus gaies et des plus émoustillantes. Même s'il n'est guère fidèle, comment résister à son charme stimulant et à son entrain si spontané? Attention tout de même à ses ruades imprévisibles, elles peuvent facilement vous déstabiliser si vous n'êtes pas solidement accroché à sa crinière!

Le Cheval Bois

Le Cheval ne se laisse dominer par personne, c'est une leçon acquise. Mais l'élément Bois apporte assurément une stabilité à ce révolté perpétuel qui pourra vous paraître presque docile, à tout le moins coopératif!

Moins sujet à la fougue intempestive qui caractérise sa famille, le Cheval Bois offre une plus grande sécurité à tous les siens et fait preuve de ténacité dans son travail, tout en acceptant l'aide des autres. Comme il collabore plus promptement, sans trop rechigner, sa compagnie est recherchée car elle garantit l'aboutissement du projet, quels que soient les efforts à fournir. Comme il apprend à refréner ses ardeurs, vous pourriez le croire définitivement tempéré ; ne vous avisez pas toutefois de lui laisser la bride sur le cou car, une fois à terre, il vous y laisserait pour de bon !

Le Cheval Feu

Là où le Cheval Feu passe, les autres trépassent ! Il vaut mieux éviter de croiser son chemin si vous recherchez le calme et la sérénité car, avec lui, tout n'est que passion, force et excès.

L'essence même du Cheval est la liberté, aussi l'élément Feu vient-il exacerber son tempérament naturellement fougueux en l'incitant à faire des excès, souvent au détriment de son bonheur. Impétueux, incontrôlable et excessif, la vie ne lui est pas supportable en nuances. Aussi le verrez-vous très heureux ou très malheureux, tout dépendant de son aptitude personnelle à réussir les changements qu'il provoque sans se soucier des conséquences.

S'il suit son flair et qu'il supporte de devoir attendre un peu avant de voir ses efforts se concrétiser, son tempérament flamboyant le conduira loin, généralement vers le succès. Vous avez intérêt à ne pas le faire se cabrer, car ses brusques colères peuvent être aussi courtes que terrifiantes !

Le Cheval Terre

Ce membre de la fraternité du Cheval va vous surprendre par son penchant pour la promenade qu'il préfère nettement à la course d'obstacles.

En effet, l'élément Terre apporte la stabilité à ce signe marqué si fort par l'impulsivité. Il va lui permettre de construire sa vie et sa carrière plus méthodiquement. Une fois l'objectif fixé, rien ne l'arrêtera sur sa route et aucune de ses impulsions ne le poussera à agir sans qu'il en ait longuement mesuré les conséquences. Du coup, vous allez parfois trouver qu'il coupe un crin en quatre et qu'il manque singulièrement de force de volonté. Il n'en est rien, le membre de cette famille est sans doute moins sûr de lui pour les tout petits riens de la vie mais il n'hésite pas autant dans les moments cruciaux. De nature prudente, il pèsera toujours le pour et le contre avant de s'engager. Pourquoi alors le lui reprocher si le résultat est bon ?

Il lui arrive cependant d'être moins stable dans sa vie affective et la fidélité n'est pas toujours de rigueur. Il ne manque toutefois pas d'humour et de gentillesse. Si vous ne privez pas le Cheval Terre de son espace, il apprendra volontiers à trotter à vos côtés !

8
LA CHÈVRE

1907	1919	1931	1943	1955
1967	1979	1991	2003	2015

羊

L'ANNÉE DE LA CHÈVRE

L'année de la Chèvre (huitième signe zodiacal) est sous l'influence Yin. Synonyme de tranquillité et d'apaisement, on peut dire qu'elle contraste joliment avec l'action énergétique de l'année précédente, celle du Cheval.

Année idéale pour s'occuper de sa vie privée, de sa famille, les Chinois de l'ancien temps considéraient aussi qu'elle portait chance pour les naissances. En tout cas, une chose est sûre : elle enjoint à la réconciliation sur tous les plans.

C'est donc une période qui favorise les échanges entre les pays et qui soutient les efforts de paix. L'année de la Chèvre est donc de bon augure pour les missions diplomatiques. En 1943, elle fut le cadre d'un accord historique entre Occidentaux et Chinois nationalistes, accord par lequel chacune des parties acceptait de rétrocéder les concessions obtenues au début du siècle. Par contre, elle est moins favorable aux investissements risqués et elle incite beaucoup plus à l'entretien des relations solides déjà existantes. Elle apporte les fruits des efforts passés. L'humanitaire est son signe de ralliement. Elle donne l'impulsion à tous ceux qui souhaitent consacrer de leur temps pour les autres en difficulté et elle encourage les recherches scientifiques. C'est sous l'année de la Chèvre (1979) que Mère Teresa reçut le prix Nobel de la paix.

LA PERSONNALITÉ DE LA CHÈVRE

Traverser la vie silencieusement et doucement est le rêve le plus cher de la Chèvre. Extrêmement sensible, elle recherche toujours un petit nid douillet, à l'abri des regards indiscrets, où personne ne lui ramènera le bruit et la fureur du monde. Elle a besoin de se sentir protégée et rejette toute forme de violence. Elle ne fait de mal à personne et souhaite que l'on fasse de même avec elle. Elle avance paisiblement dans la vie, à son rythme, et suit ses objectifs, sans cesse en relation avec son intuition.

Elle est une artiste à l'esprit paisible, celle qui cherche un petit coin de verdure et de ciel bleu pour peindre ou un rocher pour écrire. Mais voilà, la vie n'est pas toujours si simple ! Et la Chèvre a tendance à l'oublier car elle n'a pas beaucoup les pieds sur terre. Elle voudrait pouvoir se consacrer entièrement à sa création, sans entrevoir les moyens pour y parvenir et ceux qui sont nécessaires à sa survie. Sa compagnie est des plus douces, aussi ne faudrait-il pas en abuser, ce qui ne manque pas, hélas ! de se produire ! Si elle a la chance d'être entourée par des gens scrupuleux et respectueux, elle incarne le bonheur parfait et réussit souvent à atteindre ses buts, sans s'être rendu compte de la distance parcourue.

Sa nature la destine à une carrière artistique ou dans un domaine humanitaire, du moment qu'elle peut donner, partager… Elle ne court pas après la carrière, le pouvoir et la gloire. La Chèvre accepte le rôle qu'on lui attribue et se sent mal à l'aise si sa position est en vue. Mais elle saura assumer ses responsabilités, même si elles sont importantes, et se faire aimer de tous ses collaborateurs. En cas de conflit, son sourire vaut plus que n'importe quelle autre arme de persuasion.

Que ce soit à son travail ou en société, du moment qu'elle est en pays de connaissance, la Chèvre aime le contact. Aussi lui faut-il du temps avant de consacrer une personne en tant qu'ami car elle a besoin de s'assurer de la gentillesse de l'autre. Incapable de supporter la méchanceté, elle se protège donc en cachant ses sentiments derrière un adorable sourire, attendant tranquillement que la personne se dévoile. C'est alors qu'elle sera apte, à son tour, à exprimer son affection sincère. En elle, vous découvrirez très vite une amie pour la vie. Si vous ne la brusquez pas et si vous lui laissez le temps de s'approcher doucement, dites-vous que son cœur vous est déjà tout acquis.

En amour, il ne tient qu'à vous de lui donner confiance. Elle pourrait bien alors vous surprendre par son énergie, qui ne demande qu'à pétiller. Votre soutien et votre affection lui sont indispensables si vous espérez un jour la voir moins dépendante de vous. Car c'est souvent le reproche que vous pourriez lui faire. Sa demande constante de démonstrations de tendresse pourrait finir par vous lasser. Mais comment lui en vouloir avec son cœur si romantique et son regard émouvant de compassion? Si vous daignez vous prêter de bonne grâce au rôle de prince charmant (ou de princesse charmante), la Chèvre vous fera vivre un conte de fées!

L'ASSOCIATION DE LA CHÈVRE AVEC LES ÉLÉMENTS

La Chèvre Métal

En tant que membre de la fraternité Chèvre, ce signe prouve à tous sa sensibilité, nullement protégée par un bouclier, fût-il de métal!

La Chèvre Métal espère donner l'impression d'être invincible à toutes les flèches de la destinée mais, au fond d'elle-même, elle sait qu'il n'en est rien. Si elle se prend à son propre jeu, elle risque d'être littéralement pulvérisée au moindre choc. Aussi faudra-t-il l'aider à se construire une réelle carapace, sans laquelle cette poupée de porcelaine risque de finir en mille morceaux.

Incapable de dissimuler quoi que ce soit, ses intentions vous paraîtront claires comme de l'eau de roche. Sachez donc accueillir son cœur tendre avec gratitude, même si elle se montre de temps en temps à son tour surprotectrice!

La Chèvre Eau

Voici le membre de cette fraternité le plus à même de suivre le cours de sa vie et de se laisser porter par le courant... d'Eau!

La Chèvre Eau est une délicieuse compagne, gentille et fidèle, toujours disposée à vous suivre sans discuter, du moment que votre présence la rassure. Comme toutes ses cousines, elle est inquiète de nature et manque de confiance en elle. Elle saura vous attendrir par sa fragilité et son besoin de tendresse. Si vous lui promettez le calme plat, vous recevrez de sa part un océan d'amour.

Très sociable, elle accepte avec humour les gentilles moqueries la concernant. Comme elle aime rire, elle ne s'attend pas à ce que vous la ménagiez au point de la laisser à l'écart, auquel cas elle pourrait bien feindre de bouder. Protégez-la en lui montrant les armes dont elle dispose pour se défendre et qui sont bien enfouies dans ce cœur si grand. L'humour par exemple!

La Chèvre Bois

Sous l'influence du Bois, la Chèvre, naturellement tournée vers autrui, voit sa générosité décuplée, ce qui peut représenter un certain danger pour elle.

En effet, la Chèvre Bois ne réserve pas son affection à ceux-là seuls qui viennent la quémander. Elle se sent concernée par tout et tous et ne laisse pas ou peu d'espace pour elle. Elle est la première à apporter sa contribution à un projet et à accepter des responsabilités si c'est pour le bien de ceux qu'elle aime.

Elle ne connaît pas l'intolérance et les préjugés, son entourage est donc des plus diversifiés et ne peut que louer sa fidélité. C'est elle qui réconforte et rassure quand l'orage gronde. Chacun la sait disponible pour lui à chaque instant. Aussi n'abusez pas de sa gentillesse, qui est un don du ciel...

La Chèvre Feu

Ce qui différencie principalement la Chèvre Feu des autres membres de sa fraternité, c'est sa plus grande indépendance et sa nature plus pétillante.

En effet, la Chèvre Feu ne va que là où elle veut bien aller. Elle n'attend pas votre consentement et n'en fait pour ainsi dire qu'à sa tête. Vous ne l'approuvez pas ? Elle vous répondra alors avec force gestes et hauts cris car elle adore jouer la comédie !

Moins fragile que les autres membres de sa famille, elle est par conséquent mieux protégée des éventuels coups qu'on pourrait lui porter. Si elle n'est pas dépendante de votre affection, elle ne lui est pas insensible pour autant. Elle est simplement pleine de vie, toujours prête à vous faire une farce, que vous soyez amis ou amants.

Plus démonstrative, elle demeure sincère et ne requiert pas moins d'attention et d'affection. En fait, seul son mode d'expression varie. Votre couple, aussi bien que sa vie, se résume à une pièce de théâtre quotidienne dont elle partage activement la vedette !

La Chèvre Terre

La Chèvre reçoit de l'élément Terre un soutien indispensable pour atténuer sa tendance naturelle à dépendre des autres. Elle découvre la confiance en elle…

En termes concrets, cela veut dire que la Chèvre Terre n'attend pas des autres qu'ils l'aident à vivre. Elle se tient droite, toute seule, sûre de son pas. Elle est autonome en tout, appréciée pour sa capacité de diriger les gens en gardant le sourire et en s'assurant que ses collaborateurs ne perdent pas le leur.

Très stable, elle scrute l'horizon pour prévenir les difficultés et n'est jamais dépourvue quand le vent tourne. Bien qu'indépendante, la famille et le couple constituent le moteur de sa vie et, derrière sa volonté indiscutable, se cache une tout aussi grande tolérance envers ceux qu'elle aime. Vous n'aurez pas à vous plaindre d'elle car elle vous assurera une vie confortable en travaillant dur, sans jamais se plaindre sur son sort. Si vous savez lui demeurer fidèle, vous vivrez ensemble une existence pacifique dénuée de rebondissements car elle est avant tout une Chèvre !

9
LE SINGE

1908	1920	1932	1944	1956
1968	1980	1992	2004	2016

猴

L'ANNÉE DU SINGE

Animée par une énergie Yang, l'année du Singe annonce une année pleine d'imprévus (rappelez-vous les événements de mai 1968). Tout ce qui est méticuleusement préparé et orchestré peut s'envoler en quelques secondes par un coup du sort.

En fait, tout peut se produire, le meilleur comme le pire, il est impossible de le prévoir. Il vaut donc mieux s'armer de patience, de courage et d'humour car l'effet de surprise pourra toujours être atténué par un peu de dérision !

Vous pouvez vous attendre… à l'inattendu ! Amateurs de vie tranquille et monotone, vous abstenir ! Si vous partez en voyage, vérifiez les réservations et les conditions de remboursement en cas d'annulation. Vous êtes en train d'acquérir une nouvelle maison, une nouvelle voiture ? Ne laissez pas de clauses mal expliquées, faites cent visites plutôt qu'une. N'expédiez pas ce genre d'affaires pour cause de lassitude car les apparences sont parfois trompeuses !

Sur le plan économique, préparez-vous à une période d'instabilité. Les gouvernements peu solides subissent de grosses secousses et le fonctionnement des pays s'en ressent. Il peut se produire des renversements politiques inattendus. Certaines entreprises peuvent conquérir un marché imprévu, tandis que d'autres peuvent essuyer des revers.

Il faudra avant toute chose faire preuve de souplesse et redoubler d'efforts dans les échanges avec les autres. Pendant l'année du Singe, le monde de la communication a tout pour devenir florissant. C'est également le cas pour les entreprises qui demandent de l'agilité, manuelle ou mentale. Celui qui saura jongler avec des données différentes, nouvelles et imprévues, sera gagnant car tel un singe, de branche en branche, il se sera adapté immédiatement à une situation nouvelle dont il pourra tirer un grand bénéfice.

LA PERSONNALITÉ DU SINGE

Afin d'illustrer la personnalité de ce neuvième signe zodiacal, voici une version de l'histoire du singe le plus célèbre de Chine, chantée à maintes reprises par des légendes plusieurs fois centenaires.

Voyages en Occident ou *Le Singe Pèlerin* sont des textes du XIVe siècle qui retracent l'histoire du Roi des Singes, Sun Wu Kong. Grâce aux mises en scène de l'Opéra de Pékin, cette légende est toujours vivante en Chine. En voici un extrait :

> *« Sun monta donc au ciel afin de dérober les pêches d'immortalité. Comme il les mangea, il devint immortel. Il livra bataille à la hiérarchie des êtres célestes jusqu'à ce que Bouddha le capture. La déesse Guan Yin, dans sa miséricorde, intercéda alors pour Sun et obtint son pardon. Il fut alors autorisé à accompagner et protéger un pèlerin bouddhiste en partance pour l'Inde. Le périple ne sera pas exempt de facéties ni de rebondissements ! »*

Si l'on regarde de plus près, on constate qu'une bonne part de la personnalité du Singe se retrouve dans ces quelques lignes. Il est doué de fantaisie, indocile, plutôt rebelle, capable d'une grande malice, voire d'une tromperie. Il sait réagir promptement et fait preuve d'une très impressionnante dextérité mentale. L'esprit alerte, les paris ne lui font pas peur, les rébus et les énigmes non plus. Comme face à un écheveau bien emmêlé, plus la situation est complexe, plus le Singe est dans son élément, prêt et apte à trouver une issue.

Amateur de sensations fortes, il recherche sans cesse de nouvelles expériences afin de stimuler ses sens en éveil. Il ne sait pas toujours s'arrêter à temps et ses plaisanteries risquent de tourner au vinaigre car son sens de l'humour n'est pas toujours au goût de tous.

L'élément moteur du Singe est la curiosité. Parfois jugée excessive, déplacée, elle est en fait principalement animée par une soif inextinguible de découvertes, de nouvelles connaissances. C'est un instinctif se dirigeant au gré de son intuition. Il réussit donc souvent à se tailler une place enviable dans la finance où il fait preuve d'agilité, d'intuition et d'audace. Il est une recrue idéale pour des tâches à accomplir le plus vite possible. Les Chinois éprouvent ainsi du respect teinté de méfiance envers le Singe, louant sa vive intelligence tout en redoutant son action imprévue... et imprévisible.

En amitié, le Singe se révèle là encore un être brillant, attractif. Doté du sens de l'humour que vous lui connaissez désormais, il est un hôte apprécié, réclamé, adoré. Il est très souvent entouré d'une foule de personnes attirées par son bagou inimitable. Ce ne sont pas toujours de vrais amis et les relations établies peuvent être superficielles, plaisant tout de même à un entourage ressemblant plus à une assemblée de courtisans. Bien évidemment, il n'apprécie guère la solitude. Le natif du Singe possède une aptitude rare à communiquer avec le monde entier, passant outre les préjugés de telle ou telle société.

Et le Singe amoureux? Comme vous pouvez vous en douter, il n'apprécie pas la monotonie du quotidien. Et pourtant, il est plutôt du genre fidèle, du moment que le couple ne s'endort pas sur ses habitudes. En fait, d'un naturel confiant, il sait faire preuve de fidélité et le démontre dans ses amitiés. Son esprit charmeur réussit fort bien dans le domaine de l'amour et peut lui faire préférer des relations brèves à celles plus sérieuses de ses années de jeunesse. S'il ne succombe pas au pouvoir de son propre charme, le Singe amoureux va l'utiliser avec humour et ravir à coup sûr sa conquête. Il aime séduire, c'est certain, mais il peut aussi respecter les limites du jeu, évitant ainsi de briser tous les cœurs! Il n'est pas rare de voir le Singe mener plusieurs vies à la fois, toujours en quête de nouveauté. Il est très habile pour retourner sans vergogne les situations en sa faveur et éprouve un plaisir certain à bousculer les principes établis si l'envie lui vient brusquement de changer d'atmosphère. Quand il ne pose pas de limites au pouvoir qu'il exerce sur les autres, le Singe amoureux peut alors devenir du même coup fort peu scrupuleux et manipulateur. Le moins que l'on puisse dire, c'est que la vie amoureuse avec un natif du Singe n'est jamais triste ni monotone. Il est un amant passionné, sensuel, qui sait comment allier provocation et rire enjôleur.

L'ASSOCIATION DU SINGE AVEC LES ÉLÉMENTS

LE SINGE MÉTAL

Le Singe Métal est lucide et doué d'un sens très poussé de la persuasion. On le sait, la timidité n'est pas le lot du Singe, ce qui est d'autant plus flagrant dans ce cas-ci.

Son assurance en ses propres capacités peut faire du Singe Métal un égocentrique car tous les regards sont visiblement tournés vers cet être lumineux. Il est extrêmement passionné et très chaleureux envers autrui. Vous l'aurez deviné, le Singe Métal est animé d'une très grande ambition et elle va lui servir. Il est capable de relever d'importants défis dans sa vie professionnelle. Pour lui, pas de mission impossible!

Quelle que soit la tâche à accomplir, il fera preuve d'une volonté sans faille tant que le but ne sera pas atteint. Il est né pour diriger, ce qui peut ne pas être facile pour les autres au quotidien. Il sait où il veut aller et n'en démordra pas. Comme il est d'un genre plutôt autodidacte, il vaut mieux lui laisser sa liberté de mouvement. S'il ne joue pas trop au dictateur, en raison d'un but à atteindre qui lui fait parfois oublier que ses collègues peuvent penser autrement, il est d'une compagnie stimulante. Vous pouvez compter sur lui pour briser la monotonie dans un bureau car il ne supporte pas la routine.

Une vie privée complexe ne lui fait pas peur et, aussi complexe qu'elle puisse être, jamais elle ne produira aucun remous côté professionnel. Au contraire, le Singe Métal a besoin pour s'épanouir d'une vie où il lui faut jongler entre un foyer, un travail exigeant… et parfois une aventure. Comme il fait preuve de la même passion dans ses amours, il est capable d'attentions inattendues afin de surprendre et s'il a failli à ses tâches domestiques, il saura comment se faire pardonner !

Le Singe Eau

Voici un membre à part de la famille du Singe car l'élément Eau a une incidence notable sur sa personnalité. En effet, si on peut avoir l'impression que le Singe est plus « sensitif » que sensible, tout change avec l'influence aquatique. Il est en fait d'une extrême sensibilité, ce qui le rend plus vulnérable et par là même plus plaisant à rencontrer. Il peut être facilement blessé. Il est amical mais, il faut aussi le signaler, pas toujours désintéressé. Car ne vous y trompez pas, l'élément Eau peut avoir simplement apporté un peu de tempérance à la fougue héréditaire du Singe. Dans ce cas, ce qu'il perd en invulnérabilité, il le gagne en opportunisme. Il est souvent difficile de deviner ses plans car il dissimule ce qui le concerne, tant sur le plan personnel que professionnel, derrière un sourire affable.

Il évolue en fait selon deux grandes lignes de conduite, selon l'utilisation de ses qualités. Doué de patience et de détermination, il est susceptible de soutenir ardemment de grandes causes. En concentrant son intelligence prolifique sur un objectif, il construit méthodiquement sa route jusqu'à la réussite. Il devient alors un exemple pour les autres. L'autre tendance le fera apparaître sous un jour moins heureux. Il peut être indécis et préférer se mêler des affaires des autres plutôt que des siennes !

En amour, il peut être animé d'une ardente passion, ce qui est un trait de famille. Ce qui l'est moins, c'est qu'il apprécie une vie douillette et confortable à la maison.

Le Singe Bois

En lui, vous allez découvrir le symbole de l'original, du marginal brillant, généreux, drôle, en un mot, fascinant. Il possède un sens aigu de la repartie. Gare à ceux qui tenteront de le contredire sans savoir étayer leurs arguments car le Singe Bois ne leur laissera aucun répit.

Possédant un grand sens pratique et une logique infaillible, il sait instinctivement comment les choses se déroulent. Cela fait de lui un talent béni dans le domaine professionnel, notamment la communication. Il est un travailleur acharné et fiable, un véritable cadeau pour autrui. Ambitieux et diplomate, son horizon est illuminé par le succès. Mais il doit aussi contrôler son ascendant sur les autres car il peut facilement les manipuler, voire les duper. Il est alors le roi pour utiliser des arguments difficiles à contredire. Conscient de ses capacités, il doute rarement de lui, aussi est-il formidable pour des œuvres humanitaires quand il met ses compétences au service d'autrui.

En amour, il est tout autant passionné, généreux et facile à vivre. C'est un charmeur qui n'aime que croiser les mots, non les armes ! À n'en point douter, la vie avec lui est des plus drôles.

Le Singe Feu

Voici le symbole de l'actif entraîné dans une course folle, qui ne laisse pas de répit, ou si peu, pour souffler et pour apprécier le temps qui passe. Le Singe Feu va toujours plus loin. Rarement satisfait des résultats obtenus, il cherche indéfiniment un hypothétique meilleur. Le signe du Singe étant déjà en soi très énergétique, vous pouvez vous imaginer le résultat de la combinaison avec le Feu. Inventif, imaginatif, il aimerait être partout et tout le monde à la fois, ce qui ne va pas sans créer quelques conflits. Il aime, mieux que personne, les postes les plus en vue et travaille dur pour cela.

En amour, tout comme dans les autres aspects de sa vie, vous trouverez un être passionnant et passionné, d'une intelligence stupéfiante, offrant une vie des plus stimulantes… si vous trouvez le moyen de l'arrêter un moment dans sa course! En effet, s'il n'a pas brûlé toute son énergie et s'il utilise sa vitalité à bon escient, vous aurez sans doute droit à des jours moins que monotones et l'occasion de voir que sa popularité n'est pas aléatoire. Mais il lui faudra aussi réaliser un jour que les autres peuvent prendre l'amour au sérieux car il a souvent tendance à accumuler les conquêtes sans grands égards pour autrui. Cependant, quand il a porté son choix sur quelqu'un, vous pouvez, du coup, être assuré de sa loyauté et qu'il donnera dès lors le meilleur de lui-même.

Le Singe Terre

Voici le membre le plus posé, le plus réfléchi de la fraternité Singe. Très fin, sérieux, honnête et intelligent, il respecte les règles de la société et s'investit beaucoup pour elle. Il apprécie de regarder le temps qui passe et trouve un réconfort certain dans le repos, l'observation, la méditation.

D'une nature plus réservée que ne l'est généralement un natif du Singe, il sait se contrôler et demeure moins indépendant socialement que ses cousins des quatre autres éléments. Il est toujours disposé à aider. Rarement égoïste, il se dévoue corps et âme à des causes importantes de la société en évolution. Il est du coup fort apprécié professionnellement car il sait travailler en équipe et déléguer spontanément ses pouvoirs afin d'atteindre le but désiré.

Responsable et attentionné, le Singe Terre est un partenaire idéal en amour quand on recherche un soutien quotidien, la loyauté et la tolérance. Tourné vers les autres, il est très attaché au respect qu'on doit lui porter et n'apprécie guère que l'on use de lui sans jamais lui tendre la main en retour. Manquez à ce trait d'humanité et vous verrez la nature profonde du Singe rejaillir. Vous vous souviendrez alors pendant longtemps de son irritabilité si on le taquine d'un peu trop près !

10
LE COQ

1909	1921	1933	1945	1957
1969	1981	1993	2005	2017

鸡

L'ANNÉE DU COQ

Dixième signe du zodiaque chinois, le Coq est sous l'influence de l'énergie Yin. Son année se présente généralement sous des auspices de querelles et de tensions et donne de la voix à ceux qui en étaient privés jusqu'alors !

Les effets vont varier selon le contexte général. En 1933, celui qui prit la parole au nom de l'Allemagne réduite à la misère en fit subir les conséquences au monde entier, tandis qu'en 1945, de nouveau sous le signe du Coq, le vent de la liberté se remit à souffler. Rappelons aussi que les femmes italiennes obtinrent alors le droit de vote !

C'est l'année où chacun va vouloir montrer à l'autre qu'il est le plus beau et le plus fort, ce qui n'est pas apprécié systématiquement et risque d'engendrer des oppositions violentes. Des conflits peuvent surgir à tous les niveaux et les relations personnelles n'en sont pas exemptes.

Si l'atmosphère au sein du couple est déjà à l'orage, il est préférable de rentrer sa crête et d'éviter les pressions supplémentaires si l'on espère une réconciliation. Par contre, si l'on aspire au changement, on a tous les éléments réunis pour que cela se produise avec pertes et fracas ! Comme la moindre anicroche risque de dégénérer en conflit, il vaut mieux s'occuper tranquillement de son jardin et cultiver des relations harmonieuses avec autrui. Ce qui n'est pas une mince tâche car l'impulsion donne plutôt envie de passer l'année à se pavaner, fier comme... un coq !

Mais si la société donne alors le meilleur d'elle-même, le spectacle est garanti et les résultats grandioses. Sous le signe du Coq, l'humanité peut aussi être fière de ce qu'elle est susceptible d'engendrer. En effet, l'année du Coq 1969, le 21 juillet exactement, un Américain fut le premier homme à marcher sur la Lune.

Il est donc possible de créer autre chose que des conflits en utilisant à bon escient cette force flamboyante caractéristique de l'année du Coq. Il suffira de chanter haut et fort pour rallier les autres, plutôt que de jouer du pouvoir dans le but de régner en dictateur.

LA PERSONNALITÉ DU COQ

Dans la tradition chinoise, le coq est un animal respecté, contrairement à ce que peuvent penser les Occidentaux horrifiés par les combats de coqs, divertissement se perpétuant depuis des siècles et revêtant pour les Chinois un aspect honorifique, allant bien au-delà du simple emblème national. En Occident, on compare habituellement le coq à une personne trop fière qui se donne une importance qu'elle n'a pas.

En Chine, quand le coq est en train de chanter, il symboliserait les mérites et la gloire. Il n'est donc pas question d'en consommer car ce serait prendre le risque de voir s'abattre sur sa maison toutes sortes de calamités. Pendant la période du Nouvel An, il est également déconseillé d'en tuer afin de ne pas fâcher les esprits, c'est du moins ce que croyaient les Chinois des temps anciens, pour qui le coq était un animal protecteur contre le mal. Aussi apposait-on des images à son effigie, de couleur rouge précisément, le long des portes ou près de l'autel des ancêtres si l'on voulait protéger sa maison des incendies. Pour éloigner les démons des cercueils, les images représentant le coq devaient être de couleur blanche.

Le Coq n'est pas uniquement respecté pour son courage, il l'est aussi pour sa bienveillance. N'est-ce pas le coq qui appelle les poules afin qu'elles viennent manger? Dans les peintures traditionnelles, il apparaît parfois entouré de cinq poussins. Il symbolise alors le devoir du père de nourrir ses enfants, sans doute aussi celui de les instruire mais, il faut le préciser, seuls les fils sont concernés...

Durant les siècles passés, il fut aussi associé à la reconnaissance des capacités intellectuelles d'une personne. Si cette dernière recevait un coq à crête large, elle recevait symboliquement le souhait de tous de la voir devenir fonctionnaire. Une association attribuable à la phonétique commune des deux mots, coq et fonctionnaire...

Bien que depuis le début des temps il incarne souvent le symbole masculin, il ne faut pas oublier que le Coq est sous influence Yin! Il est dans sa nature d'aimer se pavaner au milieu de sa cour et la société est un excellent théâtre pour exercer ses talents de comédien. Vous le verrez rarement jouer les seconds rôles, il doit pouvoir se montrer dans toute sa splendeur et captiver la foule. Où qu'il soit, tant dans sa vie personnelle que professionnelle, vous le verrez en représentation. Il occupe toujours beaucoup d'espace et se rengorge quand il est l'objet de tous les regards, mais il ne cache pas pour autant son esprit corrosif. C'est une grande contradiction chez lui car son attitude provocante et aveuglante fait penser qu'il vit seulement dans l'apparence. En fait, il est à la fois dans la séduction la plus voyante possible et dans la franchise. Il ne supporte pas l'hypocrisie et manque totalement de diplomatie si on tente de lui ébouriffer les plumes.

Il aime être vu et encore plus écouté, entendu. Veillez à ne pas l'interrompre dans un discours pour aller écouter un voisin car sa fierté ne saurait endurer un tel affront, ce qui pourrait alors se traduire par un singulier manque de tact. Comme il agit en fonction de lui-même, les sentiments des autres ne lui paraissent pas primordiaux. Aussi lui arrive-t-il d'éprouver un malin plaisir à picorer dans les jardins des autres pour ensuite clamer sur tous les toits les drames de l'entourage dans les moindres détails car il apporte un soin constant à tout ce qu'il entreprend. Il vaut mieux éviter de tricher avec lui car son honnêteté naturelle le conduirait sans la moindre hésitation à faire de vous la marionnette de son prochain gala !

Sa force de volonté est indéniable et, si elle est utilisée dans des buts louables, le Coq se révèle être un travailleur acharné. Du genre perfectionniste, il lui arrive même d'être un peu maniaque. Son ambition est le plus souvent tournée vers sa carrière, aussi est-il fréquent de le voir aboutir rapidement aux places les plus ensoleillées lorsqu'il a fait son choix pour son avenir. Il se réjouit de pouvoir donner des conseils, même quand on ne lui en a pas demandé, et apprécie au plus haut point de se sentir indispensable.

Cela fait-il de lui un ami indésirable ? Non car, en amitié, le Coq sait prouver aux siens sa loyauté et son courage et n'hésite pas à voler à leur secours sans rien exiger en retour. Pour compter parmi eux, il vaut mieux ne pas être susceptible car sa franchise est aussi aiguisée qu'une lame de rasoir. Alors vous pourrez bénéficier de sa grande générosité et de sa fidélité.

Comme il investit beaucoup de temps dans sa vie professionnelle, il a ainsi l'occasion de se constituer un important réseau relationnel qui pourra lui être utile ultérieurement. Expansif et souvent excessif, il tient pourtant sa vie privée à l'abri des regards indiscrets et ne dévoile son cœur d'or qu'à de rares privilégiés. Bien qu'il ait besoin d'aimer et d'être aimé, il ne vous rendra pas la chose facile !

Passant d'un extrême à l'autre, il va détester ou aimer avec la même ardeur en usant parfois d'une désolante franchise pour son partenaire, qui pourra avoir envie de vivre une relation plus douce. Toutefois, comptez sur lui pour ne pas régler vos différends sur la place publique. Pour goûter au bonheur avec un Coq, il vous faudra donc admirer sa superbe crête, être authentique dans vos sentiments et solidement armé contre ses redoutables assauts. S'il lui prenait l'envie de vous piquer du bout de son bec si pointu, envoyez-le chanter dehors… et il viendra vous réveiller gaiement de bon matin !

L'ASSOCIATION DU COQ AVEC LES ÉLÉMENTS

LE COQ MÉTAL

Si le Coq est d'ores et déjà attaché à se montrer dans ses plus beaux atours, l'élément Métal va renforcer son culte de l'ego…

Vous avez devant vous le courtisan des anciens temps, sûr de son pouvoir, passant devant les personnes de rang inférieur sans leur jeter un regard et ne perdant jamais de vue ceux qui pourraient l'aider.

Le Coq Métal, si arrogant soit-il, ne se déconnecte jamais de la réalité et calcule soigneusement la marche à suivre pour parvenir à ses fins. S'il apprenait à écouter un peu plus son intuition et à profiter de la compagnie des autres, sans pour autant penser à profiter d'eux, le Coq métal serait un compagnon des plus passionnants. À vous de trouver l'astuce pour tourner à votre avantage cette nature si inflexible et n'oubliez pas de lui apprendre qu'on peut plier de temps en temps… sans rompre !

LE COQ EAU

Voici un membre de la fraternité Coq qui se distingue par son côté complaisant et raisonnable. D'une nature plutôt rigide et obstinée, le Coq subit ici l'élément Eau qui l'incite à une plus grande activité intellectuelle, sans parler d'une plus grande souplesse.

Soit, le Coq Eau est un penseur, mais actif, occupé à de grands projets soigneusement élaborés et non en spectacles mondains.

Il doit toutefois veiller à ne pas se laisser absorber par un détail, ce qui lui fait oublier l'ensemble du problème. Quand il se contente de se concentrer sur ses objectifs, il est d'un naturel heureux et s'efforce généralement de trouver un compromis en cas de différend. Il y parviendra sans doute si vous le laissez à ses expériences, tout en lui rappelant qu'il n'est pas un ermite!

Le Coq Bois

C'est bien connu, le Coq aime se montrer en société sans guère se soucier des autres. L'élément Bois va toutefois transformer ce courtisan en un être plus coopératif et moins égotique.

En effet, le Coq Bois investit une grande énergie pour venir au secours des laissés-pour-compte et fait preuve d'un enthousiasme sans faille pour les causes qu'il défend. Son dynamisme semblant inépuisable, ses collaborateurs ont intérêt à suivre... Il gagnerait à tolérer le rythme de chacun et à ne pas juger un moment de répit pour de la paresse. Quand il n'y parvient pas tout de suite, ses critiques acerbes sont souvent mal reçues, d'autant plus qu'elles sont injustifiées.

Acceptant parfois trop d'engagements à la fois, il ne parvient évidemment pas à y répondre dans les délais impartis. Essayez donc de lui faire comprendre que tout le monde se réjouirait s'il promettait moins, mais honorait sa parole. Du coup, il y gagnerait plus d'estime et de considération.

Le Coq Feu

Voici le Coq le plus brillant de toute sa fraternité car l'élément Feu embrase son besoin d'apparence et fait exploser les couleurs de son beau plumage.

Le Coq Feu est donc très préoccupé par son aspect extérieur et met un soin tout particulier à paraître sous son meilleur jour. La vie auprès de lui est une comédie quotidienne, menée à un rythme enlevé par un metteur en scène plein de verve et d'imagination.

Il est d'une énergie folle, dirigeant tout d'une main de maître, glissée à l'occasion dans un gant de velours. Installé au premier rang, il a un peu trop tendance à vouloir faire marcher les autres à son pas... Quand il fait preuve de tact, il est alors un meneur respecté, voire adulé.

Laissez-vous emporter, les yeux mi-clos, par ce Coq Feu en veillant cependant à ce qu'il ne confonde pas une fête foraine avec une marche militaire !

Le Coq Terre

En agissant sur la capacité naturelle du Coq à utiliser son esprit, l'élément Terre lui confère un côté rationnel et méthodique.

Le Coq Terre est perçu comme un travailleur consciencieux, scrupuleux et capable de fournir des efforts soutenus et constants. Analysant chaque situation dans ses moindres détails, il augmente ses chances de succès, doué d'une grande puissance cérébrale. Comptez sur lui pour assumer des responsabilités et s'investir corps et âme dans ses entreprises.

Il serait donc d'une compagnie des plus agréables s'il ne lui prenait pas l'envie parfois de mener sa cour à son rythme. Critique, dès qu'on fait mine de souffler, il aurait intérêt à comprendre que l'on stimule mieux son entourage avec des roses plutôt qu'avec des orties et qu'il ne récoltera pas de l'admiration en semant du mépris !

11
LE CHIEN

1910	1922	1934	1946	1958
1970	1982	1994	2006	2018

狗

L'ANNÉE DU CHIEN

Placée sous l'influence Yang, l'année du Chien encourage les prises de position pour la protection de l'environnement et l'avenir de l'humanité, des valeurs fondamentales pour ce signe. Aussi va-t-on avoir envie de s'investir concrètement, dans une cause sociale par exemple, plutôt que de loin en loin pour se donner bonne conscience. Soulignons au passage que c'est le 4 novembre 1946, sous le signe du Chien, que naquit l'UNESCO. Quels qu'en soient les résultats aujourd'hui et quelles que soient les opinions à son sujet, retenons que cette organisation répond parfaitement à l'idéalisme du signe de cette année.

Chargées d'éléments déstabilisateurs, les années précédentes ont parfois contribué à réduire l'espace de vie des plus défavorisés. L'accès à la liberté pour tous est une priorité pendant l'année du Chien, aussi les gouvernements devraient-ils veiller au respect de cette valeur et à la sécurité de leurs citoyens. Si l'on souhaite laisser libre cours à son désir bien légitime d'être au chaud avec sa famille, il faudra également veiller sur sa maison car ce désir d'y vivre paisiblement ne semble pas être le même pour tous.

L'année du Chien ne demande pas mieux que de vous prouver qu'un petit chez-soi vaut mieux qu'un grand chez les autres, du moins sur le plan personnel. Car les « Grands « de ce monde n'en sont pas toujours bien convaincus et se préoccupent peu des effets de leur égoïsme sur le plan international.

Mais, fort heureusement, l'année du Chien est aussi une année porte-bonheur pour… le mariage. C'est en tout cas ce que disaient les Chinois des temps anciens !

LA PERSONNALITÉ DU CHIEN

Onzième animal du zodiaque chinois, le Chien revêt des symboles différents selon son appartenance à la tradition de la Chine du Nord ou à celle du Sud.

En Chine du Nord, on reconnaissait à l'animal le pouvoir de faire fuir les démons. Aussi déposait-on des images à son effigie près des morts afin qu'ils soient protégés dans leur nouvelle demeure. Autre coutume : lors de certaines fêtes, on jetait à l'eau des chiens de papier afin qu'ils mordent et chassent les mauvais esprits susceptibles de détruire les récoltes ou de perturber le foyer. Toujours en rapport avec le monde des esprits, le chien peut également révéler un message des ancêtres. Si un occupant de la maisonnée vient à rêver de l'un d'entre eux en train de le mordre, il est de coutume de penser alors que cet esprit a tout simplement faim. Il faudra donc veiller dès le lendemain à garnir l'autel qui lui est consacré. Le chien serait également symbole de chance et de prospérité pour la personne sur laquelle il se jette !

En Chine du Sud, il en va autrement. Selon une légende, où son rôle est d'apporter du riz (ou le millet, pour la région à la frontière tibétaine) aux hommes, le chien jouit d'un grand respect. Selon une autre, (provenant de la région du Guang Dong), qui remonte au troisième siècle et qui a toujours cours de nos jours, c'est sa fidélité qui est honorée. Voici d'ailleurs l'essentiel de cette légende : un jeune garçon s'endort sur l'herbe dans une prairie, bientôt cernée par un incendie, sans que les avertissements de son chien ne l'aient réveillé. Celui-ci court alors vers la source d'eau la plus proche et arrose les alentours jusqu'à l'extinction du feu. Le chien parvient ainsi à sauver son maître, mais meurt d'épuisement. Son maître le fait alors enterrer avec tous les honneurs et sa tombe est connue désormais comme celle du chien fidèle.

Si l'animal ne semble pas toujours respecté dans la vie quotidienne, il n'en va pas de même pour le signe astrologique. Les Chinois vénèrent l'altruisme et la fidélité du Chien, qui est en effet animé d'une capacité infinie de compassion. Son beau regard tendre révèle la pureté de son cœur et attire la confiance. Toute l'énergie qui l'anime est tournée vers les autres, auxquels il espère rendre la vie moins douloureuse, quitte à se mêler de leurs soucis sans leur avis. Toutefois il est bien difficile de lui en tenir rigueur très longtemps.

Source inépuisable de bien-être pour autrui, il ne se livre pas pour autant facilement et peut cacher ses propres blessures. Alors, ne passez pas à côté de lui sans vous enquérir de ses pensées !

Vous ne verrez pas le Chien courir après la gloire et la fortune car l'affection des siens est son trésor le plus cher. Il apporte son aide dans tous les domaines et demeure fidèle à un but fixé. Ainsi est-il très apprécié par le plus grand nombre, du moment que vous ne tentez pas d'abuser de sa générosité. Possédant un flair incomparable pour les choses de la vie, le Chien s'en rendrait compte immédiatement.

Que dire alors de ce que ressentent ses amis, s'il est déjà adoré dans son travail ? Son amitié n'a pas de prix, elle ne s'achète pas, moins que toute autre, car il marche à l'intégrité et ne souffre pas le chantage. Il est une flamme pour tous ceux plongés dans l'obscurité. Il ne dirige jamais au détriment d'autrui, il offre simplement ses conseils et son réconfort. Il ne vous jugera pas si vous n'en tenez pas compte, il se contente de donner ce qu'il a de meilleur : un cœur immense dont vous ne devriez pas abuser !

Très sensible, il se protège en amour tant qu'il n'est pas sûr de la personne, de peur d'être blessé. Il n'est pas adepte des coups d'éclat et des ruptures orageuses, il préférerait rester à vos côtés plutôt que de pointer son museau vers l'inconnu, même si vous n'avez plus grand-chose à partager. Très anxieux à l'idée d'être abandonné, il fera tout pour se faire aimer et vous témoignera un soutien fidèle et tendre à chaque instant de votre vie. Il se réjouira pour vos réussites et partagera vos peines. Difficile d'exiger plus, n'est-ce pas ? Méfiez-vous tout de même de son franc-parler qui pourrait bien vous mettre dans une humeur… de chien !

L'ASSOCIATION DU CHIEN AVEC LES ÉLÉMENTS

LE CHIEN MÉTAL

Naturellement fidèle, le Chien influencé par le Métal devient encore plus obstiné et tenace dans le moindre engagement. À ses yeux, la vie est un sujet sur lequel il n'est pas permis de badiner !

Le Chien Métal est donc le chevalier authentique, fidèle en tout, envers et contre tout. Anxieux de ne pas pouvoir tenir sa parole, vous lui seriez d'un grand secours si vous pouviez le rassurer quant à sa loyauté, que personne ne remet en question.

En amour, il vous demandera d'être profondément engagé envers lui, autant qu'il l'est envers vous. Si vous recherchez une symbiose totale, le Chien Métal ne vous décevra pas car il attend de son couple une communion physique, mentale et spirituelle. Être sérieux ne veut pas dire ennuyeux, il vous en convaincra en animant votre vie de l'unique objet de sa passion : vous !

LE CHIEN EAU

Voici le philosophe et le poète de la famille. L'élément Eau apporte à cet amoureux de la nature une flexibilité lui permettant de s'adapter en toutes circonstances et de comprendre le point de vue d'autrui sans porter de jugement.

Le Chien Eau est donc un compagnon apprécié tant pour sa fidélité que pour sa tolérance. Facile à vivre, il sait se montrer généreux envers ceux qu'il aime. Il faut d'ailleurs veiller à ce que les moins bien intentionnés n'exploitent pas ce trésor.

Tel un penseur plongé dans ses réflexions, le Chien Eau demeure souvent insondable aux yeux d'autrui car il se livre peu. Mais si vous savez remonter le cours de ses pensées, vous rencontrerez son cœur et y découvrirez un amour sincère.

Le Chien Bois

Voici un membre de la fraternité Chien visiblement plus souple et serein que ses cousins grâce à l'élément Bois.

Se laissant porter par le courant de la vie, il se rapproche beaucoup du style sage contemplatif. Doué d'une remarquable capacité d'analyse de la nature humaine, il lui est plus facile de comprendre le point de vue d'autrui et de le tolérer. Pas étonnant avec une telle attitude qu'il soit apprécié du plus grand nombre car jamais il ne bondira sur vous si vous le désobligez.

Le Chien Bois n'aime pas s'ennuyer avec l'aspect matériel de la vie, tout comme il peut lui arriver d'être un peu moins fidèle, prenant un peu tout à la légère. Si vous devenez une source de conflit, il aura sans doute moins de difficulté que ses cousins à vous laisser sur le chemin et à continuer le sien. Ce qu'il accepte en amitié et au travail diffère de ce qu'il accepte dans le domaine amoureux !

Le Chien Feu

Voici le membre de la famille Chien qui a hérité d'une bonne dose de dynamisme et d'enthousiasme grâce à l'influence du Feu.

Agité toute la journée par une intense joie de vivre, difficilement fatigable, il est celui qui est décidé à vous faire courir dans un bois à l'aube après avoir fait la fête toute la nuit ! Il ne sait plus quoi inventer de nouveau pour rendre la vie plus gaie. Vous pouvez vous fier à sa parole : s'il vous promet la Lune, il ira vous la décrocher.

Détestant l'apathie, doué d'une vive intelligence, il rebondit d'un projet à l'autre. Adepte des sentiers escarpés, il lui arrive de foncer tête baissée vers une voie sans issue. Alors, prudence, si vous le suivez dans ses courses folles car il ne reconnaît pas souvent sa responsabilité devant l'obstacle survenu en cours de route. S'il veut éviter les conflits, il devra apprendre à contrôler son influence sur les autres et à tempérer un peu ses ardeurs. Toutefois, il saura se faire pardonner rapidement en vous offrant avec sincérité son air des plus candides.

Le Chien Terre

La nature fidèle et aimante du Chien atteint ici son paroxysme sous l'influence de l'élément Terre.

En effet, de tous ses cousins, le Chien Terre est le plus compréhensif et le plus attentif aux émotions d'autrui. Il est le confident fidèle qui vient poser sa patte sur votre épaule pour vous inviter à soulager sans crainte votre peine. Écoutant son intuition avant son intellect, il se laissera guider par elle pour vous aider.

Justicier intègre des temps modernes, à la pourchasse de tous ceux qui mettent la vie en péril, il ne s'attend pas à ce que vous ne le suiviez pas dans sa quête. Il ne supporterait pas de ne pas vous avoir à ses côtés dans sa croisade, avec spontanéité de surcroît !

Il n'est facile pour personne de vivre avec un saint, aussi serez-vous peut-être lassé un jour de ses perpétuelles révoltes. Partez donc à ses côtés si vous avez un cœur d'enfant, en priant le ciel de le conserver car lui ne perdra jamais le sien. Avec l'âge on devient plus sage… et si la sagesse, c'était de ne jamais devenir raisonnable ?

12
LE COCHON

1911	1923	1935	1947	1959
1971	1983	1995	2007	2019

猪

L'ANNÉE DU COCHON

Dernière année du zodiaque chinois, l'année du Cochon est sous l'influence Yin. L'atmosphère générale est à l'achèvement des projets en chantier plutôt qu'à l'élaboration de nouveaux. Il faut savoir finir pour bien recommencer…

Aussi faut-il concentrer ses efforts sur tout ce qui nécessite un aboutissement, en économie notamment. Dans tous les secteurs de la société, l'heure est au grand nettoyage de printemps !

L'air n'est pas chargé de conflits pour autant, il incite plus à la joie et au plaisir. Soulignons au passage que c'est en 1971, année du Cochon, que les femmes suisses ont obtenu le droit de vote.

Les échanges commerciaux bénéficient d'un climat propice et l'industrie du luxe et du tourisme connaît un essor considérable. Le monde du sport annonce l'atteinte de nouveaux records. On peut donc dire que l'année du Cochon favorise l'épanouissement sur tous les plans !

LA PERSONNALITÉ DU COCHON

Signe astrologique porte-bonheur, le Cochon est un joyeux luron, essentiellement préoccupé par le bien-être des siens et le sien. Naturellement généreux, il aime faire partager tout ce qu'il possède, à commencer par une richesse inestimable : sa joie de vivre !

En optimiste résolu, le Cochon va donc avoir tendance à considérer les autres à son image : gentils et généreux… Sa naïveté désarme, mais ne le protège pas des rapaces qui voient en lui une mine d'or inépuisable à exploiter. La plupart du temps, le Cochon ne s'en offusquera pas et finira par quitter sans heurt un tel voisinage. Mais il ne faudrait pas le pousser trop loin dans ses retranchements car il est susceptible de se mettre en colère, ce qui est humain. On risque alors de déclencher les foudres violentes somnolant au fond des natures calmes.

Le Cochon pose donc un regard sincère sur son prochain. Il est prêt à lui manifester toute son affection et à lui faire partager son grand appétit de la vie. Il est le symbole incarné du bon vivant, profitant de tous les plaisirs terrestres, parfois jusqu'à l'excès. Si les autres ne font pas appel à lui, il peut même s'y consacrer totalement. Une vie de luxe fait de lui le plus heureux des hommes.

Le Cochon est également un collègue dont tout le monde raffole car sa présence est vivifiante et pleine d'entrain. Il peut facilement changer d'orientation et de carrière car il est très adaptable et sait se rendre utile dans tous les domaines, toutes les situations. C'est dans une activité créative qu'il se montre le plus brillant, son enthousiasme sincère lui faisant réaliser alors des prouesses. Il est apte à assumer également des missions exigeant de la finesse, son approche des choses s'opérant méthodiquement. Sa délicatesse de cœur est aussi dans ses mains !

Offrant beaucoup et demandant peu, il est bien entendu très entouré et recherché par une légion d'amis. L'amitié est indispensable à son bonheur. Sans les siens, comment partager un bon repas arrosé des vins les plus fins ? Ses invitations sont mémorables. Il vaut mieux avoir bon appétit et prendre du temps pour les plaisirs de la table, sinon on risque fort de regarder les heures s'écouler avec une lenteur désespérante.

Le Cochon est toujours présent pour ceux qui ont besoin de lui, il n'abandonne jamais un ami dans la détresse. Si vous lui proposez une destination Soleil dans un hôtel de luxe où il n'aura qu'à se prélasser et apprécier le menu gastronomique, vous pouvez être assuré d'avoir près de vous le plus joyeux des compagnons de voyage.

Content de son sort, le Cochon l'est aussi en amour si vous lui ménagez la sécurité dont il a besoin. Vous aurez alors tout le loisir de vous désaltérer à la source de tendresse inépuisable que ce gourmet gourmand vous offrira. Il n'aura de cesse de vous procurer tous les plaisirs dont vous raffolez. Pour lui, la vie est trop courte pour être triste, aussi ne vous faites aucun souci, la vôtre fera bien des envieux !

Évitez lui simplement les querelles et les conflits qui le feraient fuir et vous vivrez ensemble sur un océan de douceur…

L'ASSOCIATION DU COCHON AVEC LES ÉLÉMENTS

Le Cochon Métal

Le Cochon reçoit de l'élément Métal un renforcement des aspects entier et intègre de son caractère.

Résultat ? Il est encore plus enthousiaste et doublement généreux. Il donne à cœur ouvert, sans s'apercevoir que certains en profitent indûment car le Cochon Métal ne voit pas le mal. Si son altruisme a la pureté du cristal, sa volonté peut être d'acier. Il n'est donc pas rare de le voir défendre vigoureusement son petit nuage si la pluie menace. Solide face à autrui comme à lui même, il est difficile de le déstabiliser. Muni de son dévouement passionné et de son bonheur de vivre, il fait face à l'adversité et se battra jusqu'au retour du Soleil…

Le Cochon Eau

Spontanément au service des autres, le Cochon sous l'influence de l'eau devient malléable et influençable. Les autres ont facilement pouvoir sur lui et peuvent aisément détourner sa gentillesse à leur seul avantage. Mais le Cochon Eau est aussi capable de les influencer et de les convaincre du bien qu'il leur veut. Il y parvient grâce à une force innée de persuasion dont le fil conducteur est sa profonde honnêteté.

Le Cochon Eau aime échanger et partager avec les gens et se met volontiers à leur service, parfois un peu trop ! S'il ne se fait pas outrageusement exploiter, il réussira dans sa vie professionnelle car il met tout son cœur (si grand !) à l'ouvrage et utilise une intuition toute aquatique pour deviner ce que les autres ont en tête. Il est le bonheur en personne...

Le Cochon Bois

Influencé par le Bois, ce membre de la fraternité Cochon possède la même générosité que ses cousins, améliorée d'une touche de sens pratique.

Il va ainsi être en mesure d'aider son prochain sans se faire toujours exploiter et de donner plus lucidement le meilleur de lui-même. Enfant chéri des organismes humanitaires, il ne ménage pas son énergie et sait faire preuve de diplomatie au moment opportun. Il est très habile à déclencher l'adhésion du plus grand nombre à ses missions.
Il ne lui vient pas à l'esprit qu'il pourrait échouer. Comment le pourrait-il, d'ailleurs, quand il voit les plus grincheux succomber à sa délicatesse teintée d'humour ?

Le Cochon Feu

La générosité du Cochon va cette fois se transformer en héroïsme sous l'effet du Feu.

En effet, le Cochon Feu fait reculer les limites de l'impossible quand il s'agit de se porter au secours de quelqu'un. Animé d'une énergie impulsive, rien ne peut l'arrêter une fois lancé à l'assaut de son objectif. Il en résulte parfois une catastrophe si l'obstacle est infranchissable ou alors une grande réussite si la chance est de son côté !

Il ne ménagera pas ses efforts pour vous assurer confort et sécurité et prendra tous les risques sur lui. Il considère que le plaisir dans la vie n'a pas de prix et s'il est brutalement menacé, ne soyez pas étonné de son agressivité ! Au Cochon Feu, rien ne fait peur...

Le Cochon Terre

Le Cochon solidement accroché à la Terre respire le bonheur de vivre, se réjouissant du moindre petit plaisir que lui procurent sa famille, ses amis et son travail.

Très sensible comme tous ses cousins, il aime le contact avec les autres et leur demandera peu. Vous arriverez à le contenter en lui offrant régulièrement une bonne table et un sourire. Il aura même tendance à vous excuser si vous vous servez de lui car il est indulgent, parfois jusqu'à l'excès !

Travaillant avec méthode et succès, il se réjouit de son travail, quel que soit son poste. Non dénué d'ambition, il mise avant tout sur la réussite de ce qu'il entreprend dans le présent car ce qui compte le plus à ses yeux est de mener une vie paisible.

ANNEXES

Tableau récapitulatif des années et des signes

Le Rat	1900	1912	1924	1936	1948	1960	1972	1984	1996	2008
Le Bœuf	1901	1913	1925	1937	1949	1961	1973	1985	1997	2009
Le Tigre	1902	1914	1926	1938	1950	1962	1974	1986	1998	2010
Le Lièvre	1903	1915	1927	1939	1951	1963	1975	1987	1999	2011
Le Dragon	1904	1916	1928	1940	1952	1964	1976	1988	2000	2012
Le Serpent	1905	1917	1929	1941	1953	1965	1977	1989	2001	2013
Le Cheval	1906	1918	1930	1942	1954	1966	1978	1990	2002	2014
La Chèvre	1907	1919	1931	1943	1955	1967	1979	1991	2003	2015
Le Singe	1908	1920	1932	1944	1956	1968	1980	1992	2004	2016
Le Coq	1909	1921	1933	1945	1957	1969	1981	1993	2005	2017
Le Chien	1910	1922	1934	1946	1958	1970	1982	1994	2006	2018
Le Cochon	1911	1923	1935	1947	1959	1971	1983	1995	2007	2019

Tableau des Ascendants

Heure de naissance	Signe
01:00 à 02:00 02:00 à 03:00	Bœuf
03:00 à 04:00 04:00 à 05:00	Tigre
05:00 à 06:00 06:00 à 07:00	Lièvre
07:00 à 08:00 08:00 à 09:00	Dragon
09:00 à 10:00 10:00 à 11:00	Serpent
11:00 à 12:00 12:00 à 13:00	Cheval
13:00 à 14:00 14:00 à 15:00	Chèvre
15:00 à 16:00 16:00 à 17:00	Singe
17:00 à 18:00 18:00 à 19:00	Coq
19:00 à 20:00 20:00 à 21:00	Chien
21:00 à 22:00 22:00 à 23:00	Cochon
23:00 à 00:00 00:00 à 01:00	Rat

Tableau des correspondances : Année, Signe, Élément, Énergie

Année	du... au...	Signe	Élément	Énergie
1900	31/01/1900 – 18/02/1901	Rat	Métal	Yang
1901	19/02/1901 – 07/01/1902	Bœuf	Métal	Yin
1902	08/01/1902 – 28/01/1903	Tigre	Eau	Yang
1903	29/01/1903 – 15/02/1904	Lièvre	Eau	Yin
1904	16/02/1904 – 03/02/1905	Dragon	Bois	Yang
1905	04/02/1905 – 24/01/1906	Serpent	Bois	Yin
1906	25/01/1906 – 12/02/1907	Cheval	Feu	Yang
1907	13/02/1907 – 01/02/1908	Chèvre	Feu	Yin
1908	02/02/1908 – 21/01/1909	Singe	Terre	Yang
1909	22/01/1909 – 09/02/1910	Coq	Terre	Yin
1910	10/02/1910 – 29/01/1911	Chien	Métal	Yang
1911	30/01/1911 – 17/02/1912	Cochon	Métal	Yin
1912	18/02/1912 – 05/02/1913	Rat	Eau	Yang
1913	06/02/1913 – 25/01/1914	Bœuf	Eau	Yin
1914	26/01/1914 – 13/02/1915	Tigre	Bois	Yang
1915	14/02/1915 – 02/02/1916	Lièvre	Bois	Yin
1916	03/02/1916 – 22/01/1917	Dragon	Feu	Yang
1917	23/01/1917 – 10/02/1918	Serpent	Feu	Yin
1918	11/02/1918 – 31/01/1919	Cheval	Terre	Yang
1919	01/02/1919 – 19/02/1920	Chèvre	Terre	Yin
1920	20/02/1920 – 07/02/1921	Singe	Métal	Yang
1921	08/02/1921 – 27/01/1922	Coq	Métal	Yin

Année	du… au…	Signe	Élément	Énergie
1922	28/01/1922 – 15/02/1923	Chien	Eau	Yang
1923	16/02/1923 – 04/02/1924	Cochon	Eau	Yin
1924	05/02/1924 – 24/01/1925	Rat	Bois	Yang
1925	25/01/1925 – 12/02/1926	Bœuf	Bois	Yin
1926	13/02/1926 – 01/02/1927	Tigre	Feu	Yang
1927	02/02/1927 – 22/01/1928	Lièvre	Feu	Yin
1928	23/01/1928 – 09/02/1929	Dragon	Terre	Yang
1929	10/02/1929 – 29/01/1930	Serpent	Terre	Yin
1930	30/01/1930 – 16/02/1931	Cheval	Métal	Yang
1931	17/02/1931 – 05/02/1932	Chèvre	Métal	Yin
1932	06/02/1932 – 25/01/1933	Singe	Eau	Yang
1933	26/01/1933 – 13/02/1934	Coq	Eau	Yin
1934	14/02/1934 – 03/02/1935	Chien	Bois	Yang
1935	04/02/1935 – 23/01/1936	Cochon	Bois	Yin
1936	24/01/1936 – 10/02/1937	Rat	Feu	Yang
1937	11/02/1937 – 30/01/1938	Bœuf	Feu	Yin
1938	31/01/1938 – 18/02/1939	Tigre	Terre	Yang
1939	19/02/1939 – 07/02/1940	Lièvre	Terre	Yin
1940	08/02/1940 – 26/01/1941	Dragon	Métal	Yang
1941	27/01/1941 – 14/02/1942	Serpent	Métal	Yin
1942	15/02/1942 – 04/02/1943	Cheval	Eau	Yang
1943	05/02/1943 – 24/01/1944	Chèvre	Eau	Yin
1944	25/01/1944 – 12/02/1945	Singe	Bois	Yang
1945	13/02/1945 – 01/02/1946	Coq	Bois	Yin
1946	02/02/1946 – 21/01/1947	Chien	Feu	Yang
1947	22/01/1947 – 09/02/1948	Cochon	Feu	Yin
1948	10/02/1948 – 28/01/1949	Rat	Terre	Yang
1949	29/01/1949 – 16/02/1950	Bœuf	Terre	Yin
1950	17/02/1950 – 05/02/1951	Tigre	Métal	Yang

Année	du... au...	Signe	Élément	Énergie
1951	06/02/1951 – 26/01/1952	Lièvre	Métal	Yin
1952	27/01/1952 – 13/02/1953	Dragon	Eau	Yang
1953	14/02/1953 – 02/02/1954	Serpent	Eau	Yin
1954	03/02/1954 – 23/01/1955	Cheval	Bois	Yang
1955	24/01/1955 – 11/02/1956	Chèvre	Bois	Yin
1956	12/02/1956 – 30/01/1957	Singe	Feu	Yang
1957	31/01/1957 – 17/02/1958	Coq	Feu	Yin
1958	18/02/1958 – 07/02/1959	Chien	Terre	Yang
1959	08/02/1959 – 27/01/1960	Cochon	Terre	Yin
1960	28/01/1960 – 14/02/1961	Rat	Métal	Yang
1961	15/02/1961 – 04/02/1962	Bœuf	Métal	Yin
1962	05/02/1962 – 24/01/1963	Tigre	Eau	Yang
1963	25/01/1963 – 12/02/1964	Lièvre	Eau	Yin
1964	13/02/1964 – 01/02/1965	Dragon	Bois	Yang
1965	02/02/1965 – 20/01/1966	Serpent	Bois	Yin
1966	21/01/1966 – 08/02/1967	Cheval	Feu	Yang
1967	09/02/1967 – 29/01/1968	Chèvre	Feu	Yin
1968	30/01/1968 – 16/02/1969	Singe	Terre	Yang
1969	17/02/1969 – 05/02/1970	Coq	Terre	Yin
1970	06/02/1970 – 26/01/1971	Chien	Métal	Yang
1971	27/01/1971 – 15/01/1972	Cochon	Métal	Yin
1972	16/01/1972 – 02/02/1973	Rat	Eau	Yang
1973	03/02/1973 – 22/01/1974	Bœuf	Eau	Yin
1974	23/01/1974 – 10/02/1975	Tigre	Bois	Yang
1975	11/02/1975 – 30/01/1976	Lièvre	Bois	Yin
1976	31/01/1976 – 17/02/1977	Dragon	Feu	Yang
1977	18/02/1977 – 06/02/1978	Serpent	Feu	Yin
1978	07/02/1978 – 27/01/1979	Cheval	Terre	Yang
1979	28/01/1979 – 15/02/1980	Chèvre	Terre	Yin

Année	du… au…	signe	élément	énergie
1980	16/02/1980 – 04/02/1981	Singe	Métal	Yang
1981	05/02/1981 – 24/01/1982	Coq	Métal	Yin
1982	25/01/1982 – 12/02/1983	Chien	Eau	Yang
1983	13/02/1983 – 01/02/1984	Cochon	Eau	Yin
1984	02/02/1984 – 19/02/1985	Rat	Bois	Yang
1985	20/02/1985 – 08/02/1986	Bœuf	Bois	Yin
1986	09/02/1986 – 28/01/1987	Tigre	Feu	Yang
1987	29/01/1987 – 16/02/1988	Lièvre	Feu	Yin
1988	17/02/1988 – 05/02/1989	Dragon	Terre	Yang
1989	06/02/1989 – 26/01/1990	Serpent	Terre	Yin
1990	27/01/1990 – 14/02/1991	Cheval	Métal	Yang
1991	15/02/1991 – 03/02/1992	Chèvre	Métal	Yin
1992	04/02/1992 – 22/01/1993	Singe	Eau	Yang
1993	23/01/1993 – 09/02/1994	Coq	Eau	Yin
1994	10/02/1994 – 30/01/1995	Chien	Bois	Yang
1995	31/01/1995 – 18/02/1996	Cochon	Bois	Yin
1996	19/02/1996 – 07/02/1997	Rat	Feu	Yang
1997	08/02/1997 – 27/01/1998	Bœuf	Feu	Yin
1998	28/01/1998 – 15/02/1999	Tigre	Terre	Yang
1999	16/02/1999 – 04/02/2000	Lièvre	Terre	Yin
2000	05/02/2000 – 23/01/2001	Dragon	Métal	Yang
2001	24/01/2001 – 11/02/2002	Serpent	Métal	Yin
2002	12/02/2002 – 31/01/2003	Cheval	Eau	Yang
2003	01/02/2003 – 21/01/2004	Chèvre	Eau	Yin
2004	22/01/2004 – 08/02/2005	Singe	Bois	Yang
2005	09/02/2005 – 28/01/2006	Coq	Bois	Yin
2006	29/01/2006 – 17/02/2007	Chien	Feu	Yang
2007	18/02/2007 – 06/02/2008	Cochon	Feu	Yin

BIBLIOGRAPHIE

DE CAUMON (Danièle), *ABC de l'astrologie chinoise,* Paris, Jacques Grancher, 1985.

FONG (Yeou Lan), *Précis d'histoire de la philosophie chinoise,* Paris, le Mail, 1992.

GRANET (Marcel), *La Civilisation chinoise,* Paris, Albin Michel, 1979.

GRANET (Marcel), *La Pensée chinoise,* Paris, Albin Michel, 1980.

GRANET (Marcel), *Danses et légendes de la Chine ancienne,* Paris, P.U.F., 1959.

KALTENMARK (M.), *La Philosophie chinoise,* Paris, P.U.F., 1994.

RAPHAËL (Natacha), *ABC de la médecine chinoise,* Paris, Jacques Grancher, 1994.

WALEY (Arthur), *The Way and its Power, New York,* Grove Press, 1958.

WILHELM (Richard), *I GING, Text und Materalien,* Köln, Eugen Diederichs Verlag, 1987.

WILHELM (Richard), PERROT (Étienne), *Le Yi-king,* Paris, Médicis, 1973.

Déjà parus dans la collection B.A.-BA

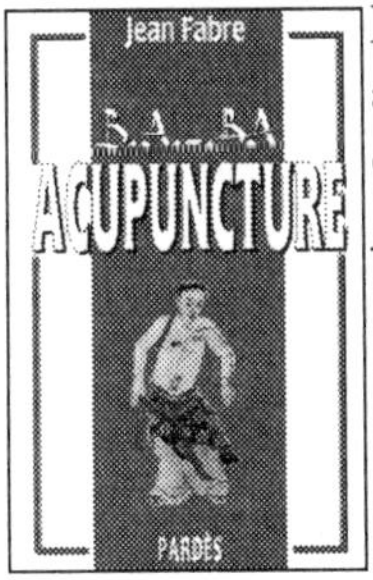

Dans ce livre facile et attrayant, à la portée de tous, le docteur Jean Fabre nous fait partager son enthousiasme pour une extraordinaire médecine du corps et de l'esprit.

L'acupuncture est un remède efficace contre les *douleurs,* le *stress* et la *dépression nerveuse,* les *allergies,* le *tabac,* les *accidents sportifs* et bien d'autres misères courantes. Plus généralement, elle intègre et privilégie la prévention par les pouls, manière de reconnaître les personnes à risques, de guérir, comme le disaient les sages de la Chine, «alors qu'il n'y a pas encore de maladie» : c'est la meilleure façon de nous protéger contre les affections graves, *de l'infarctus au cancer.*

Ce B.A.-BA *de l'acupuncture* explique pourquoi l'acupuncture doit devenir une pièce maîtresse de notre protection sociale, menacée par l'extension des fléaux, le piétinement de la recherche, l'envolée des dépenses de santé, les risques des nouveaux traitements. Nous souhaitons tous la victoire sur la souffrance et le mal-être. La médecine des Chinois, millénaire, économique, inoffensive et naturelle, reste une des meilleures armes pour cette lutte. Elle ne se contente pas de guérir en douceur les malades : elle peut éviter à ceux qui ne le sont pas encore de le devenir.

(2ème édition)

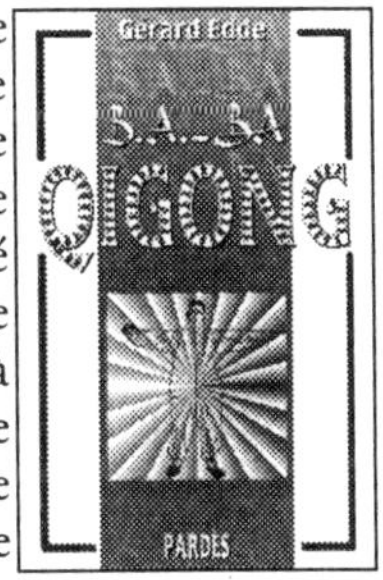

Fort d'une expérience de cinq mille ans, le *Qigong* s'impose comme une somme d'exercices de santé simples et efficaces. Le *Qigong* développe à son maximum notre potentiel naturel de guérison, et notre capacité à répondre au stress du monde actuel.

Sa pratique prend sa source dans les meilleures méthodes de la médecine traditionnelle chinoise, des arts martiaux et des trois grands mouvements spirituels de la Chine ancienne : taoïsme, bouddhisme et confucianisme.

Ce B.A.-BA *du Qigong* vous propose une approche raisonnée et progressive du *Qigong* grâce à une sélection rigoureuse des exercices les plus traditionnels et les plus efficaces.

Vous y découvrirez :

• Le *Qigong* des « six sons de guérison » pour renforcer les organes vitaux par la respiration, la visualisation et les vibrations du son de la voix.

• Les exercices en position allongée de *Ma Litang* destinés à renforcer l'énergie vitale.

• Le *Qigong* ancien de la « Porte du Dragon » que les taoïstes employaient pour développer l'énergie vitale invisible : le *Qi.*

• Le *Qigong* secret de la « régénération des moelles » utilisé par les moines de *Shaolin* pour renforcer leur immunité et leur système osseux.

• Les principales erreurs à éviter lorsque l'on commence à s'adonner à cet art de santé séculaire.

• Un index pratique des troubles de santé et des *Qigong* correspondants.

(2ème édition)

Déjà parus dans la collection B.A.-BA

Ce B.A.-BA, véritable précis d'homéopathie, apporte une réponse à toutes les questions que l'on peut se poser sur cette « médecine différente ».

Le lecteur pourra y suivre le cheminement du praticien, depuis le premier contact avec le malade jusqu'à l'établissement du traitement.

L'ouvrage aborde l'étude complète des différents concepts — souvent méconnus — de cette pratique difficile. Il décrit, à travers des tableaux détaillés et vivants, ce que l'on entend par « SIGNES », « CONSTITUTIONS », « DIATHÈSES », « TEMPÉRAMENTS ». On y trouvera tout ce qui concerne la nature et le mode de préparation des différents remèdes, ainsi que les techniques de prescription. Sont mentionnées les principales indications de l'homéopathie, ses limites et, avec la notion de « barrages », les différents obstacles qui peuvent s'opposer à son action.

L'auteur propose une réflexion originale sur les analogies entre les lois de la physique classique et la médecine rationaliste actuelle, d'une part, et, d'autre part, la physique contemporaine des particules et la médecine de l'infinitésimal qu'est l'homéopathie. En médecine comme en physique, il s'agit de deux conceptions différentes de la nature de l'homme et de l'univers; incompatibles, au point de paraître opposées, dans la représentation qu'on peut en avoir.

Il nous faut admettre, cependant, que la réalité n'est faite que de l'union paradoxale, mais féconde, des contraires. Ils ne peuvent s'exclure ni se vérifier l'un par l'autre, mais sont cependant complémentaires. Cela devrait mettre fin au stérile conflit entre les deux médecines, celle du *contraire* et celle du *semblable*, comme a pris fin celui qui opposait les deux physiques.

(2ème édition)

De tout temps, l'être humain a cherché à anticiper le futur, à prévoir l'avenir pour endiguer le flot de l'incertitude. Sans cesse confronté à des doutes ou à des difficultés, il était naturel qu'il cherchât à museler les sursauts du « destin ».

Alors, l'être humain procéda à des essais, de plus en plus nombreux, pour contrecarrer les plans de ce redoutable adversaire. C'est ainsi que prirent naissance les arts divinatoires.

Anticiper les événements pour mieux se préparer à les affronter, ou, même, pour tenter de les modifier, tel est le but des innombrables techniques divinatoires. Certaines sont fantaisistes, mais il en existe d'autres, beaucoup plus sérieuses, qui se basent sur une analyse intuitive de symboles générés au « hasard ». Bien que ces techniques ne reposent sur aucune base scientifiquement établie, il n'en demeure pas moins qu'elles donnent d'indéniables résultats, à condition de les pratiquer sérieusement et avec assiduité.

Les arts divinatoires ne sont pas des jeux de salon, mais des techniques à tendance spirituelle; ce sont de fantastiques outils de connaissance intuitive, des clefs pour l'élargissement de la conscience. Ce n'est certes pas sans raison que, selon l'étymologie, la « divination » relève de l'inspiration *divine*. Ces techniques ne doivent donc pas être prises à la légère.

Ce B.A.-BA *des arts divinatoires* vous fournira suffisamment d'explications et de conseils pour vous permettre de pratiquer dans les meilleures conditions. Vous y trouverez des méthodes, simples mais éprouvées, plus ou moins élaborées, pour anticiper les événements, mieux connaître autrui ou, simplement, soi-même. Un choix de méthodes diverses vous est proposé dans ces pages, de façon à ce que vous puissiez choisir celles qui conviendront le mieux à votre sensibilité.

Déjà parus dans la collection B.A.-BA

Écriture ancienne de l'Europe du Nord, les runes forment l'un des plus grands alphabets magiques du monde.

Ce B.A.-BA *des runes* s'adresse aussi bien aux néophytes qu'aux personnes averties. Il propose une synthèse aussi claire et exhaustive que possible des systèmes runologiques et des runes prises individuellement.

Si une importante « littérature runique » est parue dernièrement, il s'agit ici de faire justice des mythes et réalités de la runologie.

L'auteur pose la question de savoir comment les runes vinrent aux hommes sur le double plan historique (date et espace d'apparition) et mythologique (découverte des runes par les dieux). Il s'interroge également sur la transmission des runes à travers les âges et sur la pérennité de ce système « païen » au cœur du christianisme (dans l'architecture, l'héraldique, l'art, etc.) jusqu'à leur renouveau, voire leur détournement, au XXe siècle.

Naturellement, au-delà du simple système de communication, il convient de s'interroger sur la dimension magique et spirituelle des runes, hier et aujourd'hui. Quelle a été leur utilisation ? Qui étaient les praticiens des runes ?

Formidable voie d'éveil individuel, les runes sont trop souvent méconnues, victimes de mauvais usages, d'incompré hensions ou de falsifications. Il est temps que l'on retrouve leur mystère dans son authenticité.

(4ème édition)

La tradition de l'Europe du Nord fut et demeure l'une des plus riches et des plus complexes de l'histoire du monde. Elle a profondément imprégné l'inconscient collectif de l'Europe, mais encore l'imaginaire des peuples (voir les contes de fées, les mythes comme celui du Père Noël) et l'expression moderne (comme chez Tolkien).

Ce B.A.-BA entend proposer au public francophone le premier panorama clair et complet *de la tradition nordique* vivante aujourd'hui. Celle-ci s'articule autour de la figure grandiose de l'Arbre de Vie/Axe du Monde, *Yggdrasill,* et de ses neuf mondes.

Les *runes*, ces signes mystérieux, sont les clés menant au cœur de cette tradition.

Au sommet de la hiérarchie divine, trône l'une des plus formidables expressions du Destin dont la toile englobe toutes choses.

Et, au centre des mondes, se dresse l'homme, en *Midgard*, la « Terre du Milieu ».

D'essence chamanique, la tradition nordique est, avant tout, une voie. Elle permet la réalisation spirituelle par une communion entre notre nature intime et la grande Nature.

Déjà parus dans la collection B.A.-BA

Phénomène à la fois religieux et militaire, associant la croix et l'épée, la foi et l'économie, l'Ordre du Temple fut créé en 1118 ou 1119 par Hugues de Payns et huit autres chevaliers pour la protection des pèlerins. Moines, guerriers et financiers, les Templiers participèrent héroïquement aux croisades et à la défense des États latins d'Orient.

Parallèlement à sa quête temporelle, propre à la chevalerie, le Temple mena une discrète quête spirituelle, de nature johannique, dont le but était, semble-t-il, la réalisation d'un « grand dessein » lié à la Tradition primordiale. Ce projet devait disparaître, par le fer et le feu, à l'instigation du roi de France Philippe IV le Bel et du pape Clément V.

Ce B.A.-BA *des Templiers,* accessible à tous, permet au lecteur de s'initier, de manière synthétique, à l'histoire, tant spirituelle que temporelle, de l'Ordre des Templiers. Il l'ouvrira à une meilleure connaissance de l'intérieur (structure, règle, geste guerrière, contenus ésotériques, etc.) et à une meilleure appréhension de la mise en place progressive des éléments qui constituèrent la trame de « l'affaire des Templiers » dont la conclusion ultime fut la mort infamante sur le bûcher de son dernier maître, Jacques de Molay (1314).

En fin d'ouvrage, une annexe donne la liste des vingt-deux grands maîtres de l'Ordre du Temple.

(2ème édition)

Durant environ sept siècles, de l'empereur d'Occident Charlemagne au roi de France Henri III, une institution militaire empreinte d'un fort caractère spirituel domina les sociétés de l'Europe occidentale : la chevalerie.

Fille de son temps, avec tout ce que cela implique, et colonne vertébrale du régime féodo-vassalique, la chevalerie fut, avant de devenir un fait institutionnel, un mode de vie et un idéal s'incarnant dans un type d'homme et de guerrier particulier, le *miles*, le soldat par excellence, se voulant la synthèse vivante de ce que l'esprit humain peut concevoir de plus élevé, à savoir l'honneur, la sagesse, la mesure, la fidélité à son seigneur et à la parole donnée, le courage, l'abnégation, la piété et l'acceptation sereine de la mort.

Ce B.A.-BA *de la Chevalerie*, d'accès aisé, composé de textes clairs et synthétiques, permet à toute personne, qu'elle soit ou non familiarisée avec le sujet, de pénétrer dans l'intimité de cette fraternité guerrière. Son histoire spirituelle, temporelle, littéraire, malgré les nombreux livres qui lui ont été consacrés, nous demeure cependant mal connue.

Débarrassé de l'idéalisme simpliste véhiculé par une littérature romantico-ésotérique, sans concession aux spéculations universitaires, laïques et réductrices, issues de l'historiographie partisane des XVIIIe et XIXe siècles, cet ouvrage veut être un *vade-mecum* de la réalité chevaleresque et lui restituer sa vraie dimension, c'est-à-dire son âme, saisie comme pensée et principe de vie.

Déjà parus dans la collection B.A.-BA

Le nombre et la ferveur de ses fidèles font du bouddhisme une des trois premières religions du monde. L'engouement qu'il suscite dans l'Occident chrétien confine à un véritable phénomène de société.

Son fondateur, Siddharta Gotama, le *Bouddha*, c'est-à-dire l'« Éveillé », prêcha en Inde il y a vingt-cinq siècles, guidant ses compatriotes sur la route de la connaissance. L'ignorance, le désir, la haine demeurent, expliquait-il, les racines du malheur de l'homme, tourmenté par son appétit de jouissance, sa faim de divertissement, emporté par le torrent du devenir sans jamais pouvoir briser l'emprise des passions ni s'opposer aux rigueurs du sort.

En démontant les mécanismes de la souffrance et du mal, Bouddha, le Grand Médecin, montra comment connaissance et maîtrise de soi permettent de gagner « l'autre rive », le Sentier sacré où les liens sont tranchés, la soif éteinte, la conscience apaisée aux portes du *Nirvana.*

Prenant refuge dans Bouddha, prenant refuge dans la Loi *(Dharma)*, prenant refuge dans la communauté *(Sangha)*, des millions d'êtres se conforment toujours au message du prophète, venu, dans la compassion, dévoiler à l'humanité la technique de la délivrance.

Qui était Bouddha ? Comment sa doctrine conquit-elle, après sa mort, l'ensemble de l'Asie et fut-elle adoptée avec enthousiasme par les plus grands penseurs de Chine et du Japon, avant de se répandre en Occident avec le bonheur que l'on sait ?

Ce B.A.-BA *du Bouddhisme* répond à toutes vos questions sur l'émergence du culte, son fonds doctrinal, son expansion fulgurante. De manière simple et complète, il fait le point sur les trois courants qui le composent : Petit Véhicule, Grand Véhicule (dont le *zen*, son prolongement le plus « moderne »), tantrisme tibétain aux *mantras* et *mandalas* dotés de pouvoirs magiques.

(2ème édition)

Le Japon est le seul pays à avoir connu une riche et vivante tradition guerrière non interrompue du XIe au troisième quart du XIXe siècle. Cette tradition eut pour axe un personnage fascinant, imprégné d'un loyalisme sans faille, d'un sens aigu de l'honneur et d'un mépris total de la mort (qu'il sut élever, notamment par la pratique du *seppuku,* au niveau d'une « œuvre d'art »), toujours prêt à se sacrifier pour son seigneur ou pour rester fidèle à lui-même. Il s'agit du *samuraï,* figure martiale assez comparable, quant à son mode d'être, au chevalier médiéval européen. Son épopée marqua profondément la mentalité des Japonais, la perpétuant par la littérature, le théâtre classique et le cinéma.

Autant guerrier qu'esthète, aimant d'un égal amour la vie et la mort mais choisissant sans hésiter celle-ci lorsque l'occasion s'en présente, comme le lui recommande le *Hagakure,* et soumis, qui plus est, à un sévère code éthique (le *bushidô),* le samuraï fut aussi, on l'oublie trop souvent, le gardien d'une « *pax japonica* » toujours fragile et un administrateur efficace.

Ce B.A.-BA *des samuraï* propose au lecteur le premier panorama lui permettant de saisir, en un seul livre, toutes les facettes de cet archétype du guerrier traditionnel, unique dans l'histoire, au comportement et à la psychologie bien souvent incompréhensibles à la mentalité de l'Occidental moderne qui ne voit en lui que fanatisme et fatalisme, ainsi que, d'une manière plus générale, tous les aspects de l'art guerrier du Japon traditionnel, univers inséparable de celui du *samuraï.*

Déjà parus dans la collection B.A.-BA

Cet ouvrage s'adresse aux débutants, aux néophytes et aux personnes averties. Au fil des pages de ce B.A.-BA *du Tarot,* chacun pourra trouver matière à découverte ou à approfondissement d'un langage mystérieux et révélateur : le symbolisme.

Toute pensée initiatique s'ordonne autour de signes et de symboles qui ne sont compris que par un petit nombre d'individus. Ces signes et ces symboles sont les composantes de chacun des 78 arcanes constituant le *Tarot de Marseille.*

Le Tarot est universel et ne connaît pas de frontières. L'*Art des Images* est un patrimoine collectif, l'*Art des Images* est un patrimoine personnel. Derrière le mode illusoire du Tarot se cache la réalité la plus profonde. Ne nous y trompons pas : au-delà des représentations fixes et immobiles qui le composent, le Tarot véhicule, à travers ses formes, ses couleurs, ses nombres, ses objets, ses attitudes, un monde dynamique en constante mutation.

L'auteur nous convie, par l'intermédiaire de cet ouvrage simple, structuré et précis, à découvrir le Tarot dans son intégralité : son origine, son fond et sa forme. Ce contact progressif offre la possibilité de pouvoir lire et comprendre le message énigmatique contenu dans cet univers allégorique.

Après les nombreuses explications symboliques, vous serez à même, à la fin de cet ouvrage, d'utiliser les tirages proposés et d'en extraire les révélations.

Le Tarot est une aide parmi d'autres pour gouverner et faire évoluer notre vie. Aucune lame n'est négative et le Tarot n'a jamais un caractère fatal.

(2ème édition)

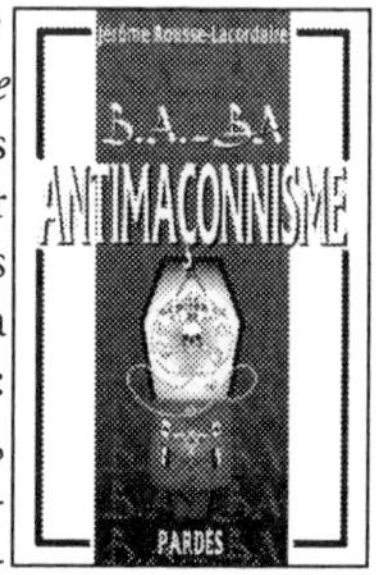

Ce B.A.-BA *de l'antimaçonnisme* présente les principales thématiques sur lesquelles reposent les accusations contre la franc-maçonnerie : secret, complot, subversion… La franc-maçonnerie est comprise par ses adversaires comme une société secrète perverse et malignement occulte, ayant pour objectif la domination du monde, même si elle fut, peut-être, à l'origine, une institution saine avant d'être dénaturée et détournée de ses fins par des manœuvriers de tous ordres.

Des exemples historiques particulièrement significatifs viennent illustrer et éclairer le large panorama de la question.

Deux grands courants alimentent l'antimaçonnisme : un courant politique et un courant doctrinal. Le premier développe surtout l'aspect de complot occulte ; le second se dédouble en un antimaçonnisme religieux qui voit essentiellement dans la franc-maçonnerie une contre-religion satanique, et un antimaçonnisme « traditionnel » qui lui reproche son dévoiement des principes originels. Si bien que tous ceux qui font profession d'antimaçonnisme ne sont pas également opposés à la maçonnerie elle-même.

Solidement étayée par des documents de diverses provenances, cette étude impartiale ne favorise aucun aspect au détriment des autres, elle ne milite aucunement en faveur de celui-ci ou de celui-là. Elle présente des faits et invite à une lecture plus approfondie des données — seule manière de se faire une opinion sur ce phénomène discuté.

Déjà parus dans la collection B.A.-BA

Premier en date des trois courants majeurs de la pensée chinoise, le taoïsme a profondément marqué toute l'histoire du Céleste Empire. Il fut, à l'origine, une *métaphysique*, reposant sur des principes révélés aux ancêtres, aptes à éclairer l'homme sur sa place dans l'univers et sur les lois du ciel qui commandent son destin. Les apports successifs du confucianisme et du bouddhisme le transformèrent en une simple *religion* où dominèrent les rituels, la morale, une église et, trop souvent, l'esprit sectaire.

Sans se perdre dans les distorsions imprimées au lumineux savoir des origines, l'auteur va droit à l'essentiel en nous dévoilant avec concision les points clés de l'enseignement des maîtres : le *yin* et le *yang*, les Cinq Éléments, les combinaisons des huit trigrammes du *Yi king*, la Grande Triade et la structure hiérarchisée de l'homme qui peut, en conservant le *juste milieu*, gagner par la sagesse la voie de la Longue Vie.

Vous découvrirez la magie du Tao, inséparable de la connaissance des initiés : leurs randonnées spirituelles, l'alchimie et ses secrets, le pouvoir des talismans, les mystères de l'union des sexes vous captiveront, comme ils ont toujours fasciné, depuis Lao tseu et Tchoang tseu, l'ensemble du peuple chinois.

À la portée de tous les publics, ce B.A.-BA met en relief l'*actualité* du taoïsme qui inspire, comme par le passé, les maîtres calligraphes, les paysagistes et les poètes. Il invite l'homme d'aujourd'hui, privé de repères, accablé par le tumulte, les nuisances et le doute, à donner une orientation constructive à sa vie, en se rapprochant de la nature, en jetant sur le monde un regard neuf, en conservant la santé grâce à l'*acupuncture* et aux gymnastiques millénaires (*tchi kong* et *t'ai tchi tchuan*) issues de la Tradition.

(2ème édition)

De toutes les grandes spiritualités que connaît le monde, et particulièrement le monde asiatique, le Shintō (ou Shintoïsme) est de loin la moins connue du public occidental. Cette méconnaissance vient de la mauvaise interprétation qui en fut donnée par les premiers missionnaires chrétiens installés au Japon dès le XVIe siècle. Elle est également due aux chercheurs occidentaux modernes, soumis, pour les uns, à une vision monothéiste du monde (ou simplement athée), pour les autres, à des préjugés négatifs d'ordre scientiste. Les responsables en sont enfin les Japonais eux-mêmes, dont le souci premier n'a jamais été d'en fournir une explication claire et cohérente. À la décharge de tous ces observateurs, surtout occidentaux, il faut toutefois avouer que la spiritualité shintoïste se révèle rebelle à toute espèce de rationalisation tant ses contenus, ses mythes et ses rites sont complexes, touffus et parfois contradictoires.

À la portée de tous les publics, ce B.A.-BA *du Shintō* présente les principales composantes du contenu spirituel, mais aussi éthique, symbolique et matériel, du Shintō.

La spiritualité shintoïste est à même de permettre à l'homme, occidental ou autre, non de la vivre et de la pratiquer — car elle est trop japonaise dans son fond et dans sa forme pour que cela se réalise —, mais de lui donner, plus globalement, une vision spirituelle de la vie et du monde qui l'entoure, et de lui rappeler qu'il est avant tout un « être religieux », un être relié au Ciel et à la Terre, se devant, par conséquent, d'emprunter la « Voie des Dieux ». Ce livre l'y invite bien volontiers.

Déjà parus dans la collection B.A.-BA

La Chine ancienne et, en particulier, le taoïsme intégraient l'être humain dans une cosmologie à la fois mystique et pragmatique. Cette vision spirituelle du monde (*Zi* en chinois) s'accompagnait d'un travail méditatif et contemplatif grâce auquel l'homme s'immergeait dans l'univers, sans se laisser griser par une illusion animiste ou panthéiste. De cette union méditative est né le *Feng Shui*, **l'art de comprendre les énergies** qui dansent **dans un lieu.** Au cours de son histoire, l'art du Feng Shui s'est développé dans deux directions principales : 1 – L'étude de la circulation des énergies intrinsèques dans un espace établi (site, maison, appartement...). 2 – Le décryptage des données géomantiques d'un lieu à l'aide d'un compas spécifique (le *Lo Pan*) basé sur les mutations du *Yi King*. Cette seconde possibilité d'évaluation de l'espace est, certes, très attirante pour l'esprit occidental, pressé de manipuler des chiffres, des équations et des paramètres qui donnent au Feng Shui l'apparence d'une science exacte. Le Feng Shui est donc **l'art d'améliorer notre relation avec les énergies de l'environnement.** Les experts du Feng Shui s'accordent à penser que cette influence est plus énergétique et invisible qu'émotionnelle et évidente. Le paysage et l'environnement demandent à être déchiffrés selon les données du Feng Shui.

Dans ce B.A.-BA *du Feng Shui*, le lecteur découvrira une exposition complète des différents styles de Feng Shui et les formules de base qui lui permettront une approche de cet art millénaire, en particulier :

- Les grandes lignes de l'école des formes.
- Les formules des huit trigrammes et des neuf étoiles.
- Une exposition simplifiée de la méthode du compas.
- Les 64 pas en relation avec les 64 hexagrammes du *Yi King* (inédit en français).

(2ème édition)

L'astrologie est, en Inde, un système de connaissance de soi et du monde. Elle est complémentaire à toute discipline visant à réduire le conditionnement, l'ignorance, la douleur.

Dans cette astrologie sidérale qui a ses racines en Inde, jamais l'horloge du ciel n'avance ni ne retarde : le zodiaque des étoiles est son cadran, et la Lune est sa grande aiguille.

Un être est un nœud d'énergies dont le thème natal est une représentation. Nous pouvons apprendre à y déchiffrer ces rapports de forces qui déterminent les capacités et les goûts, les faiblesses, les comportements, la répétition de certains types d'expériences, l'orientation d'un destin.

Ce B.A.-BA *de l'astrologie indienne* est une prise de contact avec une technique nouvelle, mais aussi avec une philosophie, un point de vue de l'existence. Il aide aux premiers pas du lecteur d'une manière simple et directe.

Déjà parus dans la collection B.A.-BA

Cet ouvrage s'adresse aux débutants. Il propose une initiation à la science héraldique, claire, cohérente et aussi exhaustive que possible.

Ce B.A.-BA *de l'héraldique* s'adresse également aux pratiquants confirmés. Premier « précis » diffusé largement, il inventorie, en règle avec la géométrie et les nombres, les fondements de l'héraldique : points, divisions, partitions et répartitions, pièces honorables, « états », « vêtements », associations, disjoncions, déports, délinéaments, etc. ; les figures du blason se présentent selon leur nature : propre, naturelle, artificielle et chimérique — … la symbolique reprend ses droits.

Les fréquents amalgames et les trop nombreuses contradicions rencontrés d'un manuel à l'autre se trouvent ici résolus, pour l'essentiel d'entre eux. Les symboliques fondamentales de la « construction » et de l'« emblème », clairement distinguées, donnent la nuance entre les *Pièces* (héraldiques) et les *Figures* (du blason), principe de l'intelligence des armes.

L'extrême soin de l'iconographie, affinée dans cette nouvelle édition, élucide parfaitement le propos. Une mise en pages étudiée en améliore encore la lecure. La quantité d'informations, figurées et formulées (plus d'un millier de dessins, autant de termes expliqués et un index d'environ 950 mots), permettra à chacun, selon le droit, de créer et de tracer les armoiries qui, dès lors, seront sa pleine et essentielle identité.

Cet ouvrage a su s'imposer rapidement comme une référence incontournable.

(3ème édition)

Le symbolisme est une espèce d'univers de *subtilité*. On n'y accède pas sans s'être, au préalable, affranchi de ses préjugés personnels et des sentiments inhérents au langage commun du monde sensible.

Ce B.A.-BA *des symboles* propose une véritable initiation à l'univers symbolique, par l'observation des principes et des formes qui régissent les cent vingt symboles fondamentaux qui ont été étudiés.

Le bagage, indispensable à la compréhension des traditions, est ramené au seul volume nécessaire. Ainsi, cet ouvrage offre la possibilité de saisir d'emblée le système de la perception *analogique* – donnée majeure – et le principe *intuitif* de compréhension, sans présenter au lecteur le surcroît des applications subsidiaires, le plus souvent strictement contingentes, qui ne feraient qu'encombrer son étude.

Les images mentales, supports de la réflexion, sont simplement indexées, mais également traitées selon une exposition suggérant tous les rapports, les parallèles, les relations et les affinités – clefs du monde des symboles.

Un choix de 550 illustrations précises vient enrichir le texte.

Alphabet divin, les symboles formulent les principes non humains ; ils écrivent l'Esprit avec les lettres de la Nature.

(2ème édition)

Déjà parus dans la collection B.A.-BA

L'Ayurvéda constitue l'un des systèmes naturels de santé les plus anciens et les plus riches au monde. Issue de l'ancienne sagesse de l'Inde exprimée dans les Védas, la « science de la vie » ou *Ayur-Véda* considère avec précision les facteurs de santé ou de maladie, tant dans le domaine physique que dans celui de l'esprit.

Le B.A.-BA *de l'Ayurvéda* propose un vaste panorama de la sagesse de l'Ayurvéda, de la découverte de nos tendances pathologiques aux mesures naturelles de prévention et de thérapie :

. Évaluation de notre constitution selon les trois « humeurs » biologiques.

. Connaissance de la meilleure alimentation pour chacune des huit constitutions.

. Évaluation et thérapie naturelle de la toxémie, source de toutes les maladies selon l'Ayurvéda.

. Emploi des moyens simples d'élimination pour prévenir l'installation de troubles de santé.

. Utilisation des plantes courantes de santé, ainsi que de formules plus élaborées.

. Pour la première fois en français, description de quelques Marmas ayurvédiques, ces points d'acupuncture découverts par l'ancienne civilisation de l'Inde.

. Tableaux de correspondance entre l'Ayurvéda et l'ancienne astrologie de l'Inde *(Jyotish)* pour connaître nos tendances énergétiques.

L'Ayurvéda préserve un héritage tellement important qu'il peut apporter des outils à tous les amateurs ou professionnels des méthodes de santé naturelles : homéopathes, acupuncteurs, naturopathes, pratiquants du Yoga ou des arts énergétiques chinois. L'auteur a puisé aux sources traditionnelles de l'Ayurvéda les plus sûres en Inde et au Népal dès 1981, date de son premier ouvrage sur le sujet.

(2ème édition)

Les Indo-Européens ont constitué un ensemble humain, spirituel et matériel de première importance au sein de l'histoire de l'humanité.

À la fin de l'âge du bronze, ils forment une puissante communauté ayant atteint un haut degré de culture et de civilisation. Cette communauté se disperse « brusquement », en plusieurs vagues, entre le Ve et le IIe millénaire, pour se répandre sur la quasi-totalité du continent eurasiatique, et même au-delà, jusqu'aux confins de l'Inde et de la Chine, le fécondant de son génie créateur.

Véhiculant une vision du monde patriarcale, pastorale, guerrière et hiérarchisée, possédant une haute spiritualité de type masculin, viril et ourano-solaire, ils subjuguèrent les vieilles populations autochtones au mode de vie végétatif, agricole, égalitaire, pacifique et matrilinéaire, à la spiritualité féminine, sombre et telluro-chthonienne.

De cette implosion et de cette heureuse conquête naîtront les peuples européens historiques de l'Antiquité : Celtes, Grecs, Romains, Hittites, Perses, Aryens, Germains, etc., créateurs des plus grandes cultures que connut jamais le monde.

Ce B.A.-BA *des Indo-Européens,* d'utilisation aisée, s'adresse aussi bien aux néophytes qu'aux personnes déjà averties. Il propose une synthèse aussi claire et exhaustive que possible, à l'aide, non seulement des textes anciens – notamment grecs, perses et indiens –, mais aussi des travaux les plus récents. Il permettra aux lecteurs européens de mieux connaître cet ensemble humain dont ils sont les héritiers directs, et donc de mieux se connaître eux-mêmes.

Déjà parus dans la collection B.A.-BA

Science traditionnelle, hier, pratique controversée en Occident, aujourd'hui, l'astrologie laisse rarement indifférent. Depuis la nuit des temps, les hommes observent le ciel, tentant de découvrir sur la voûte étoilée leur propre destinée. Immense dessin symbolique, le ciel peut délivrer bien des messages. Encore faut-il apprendre à les déchiffrer. L'astrologie ne se comprend pas en termes d'influence planétaire, mais de système de correspondances qui guide l'homme et lui permet de comprendre sa destinée. Les méthodes de lecture sont nombreuses et doivent le conduire sur la voie de la transcendance, vers l'affranchissement de ses conditionnements.

Signe de l'impact de l'astrologie, les grands de ce monde ont toujours consulté, et consultent encore – ce qui rend bien nécessaire la compréhension des arcanes astrologiques pour saisir certains événements ou décisions mondiaux.

Depuis l'étude du caractère jusqu'aux champs d'application de l'astrologie – qui comprennent le domaine relationnel, l'astrologie mondiale, médicale, la météorologie, en passant par toutes les recherches en cours, ce B.A.-BA *de l'astrologie* propose une approche concise, synthétique, précise de cette pratique. Il se propose précisément de retracer l'histoire de cette astrologie dite moderne en montrant la variété de ses voies d'accès.

Par ailleurs, d'une manière plus opérative, il fait le point sur les techniques prévisionnelles et pose les limites quant aux informations fournies sur le futur, et le déterminisme ou la fatalité qui en découlent.

Le lecteur néophyte découvrira ce qui constitue tout à la fois un art et une science, dont il ne soupçonnait peut-être pas la richesse, la validité, la solidité intemporelles; quant au praticien, cette synthèse pourra lui ouvrir de nouveaux horizons.

Architecture, fêtes et rites, symbolisme, science des plantes, des végétaux, éthique, art des contes, datation, rapport à l'espace, etc. : la tradition nordique imprègne encore aujourd'hui l'ensemble de l'univers européen.

Pendant des siècles, en dépit d'une supposée conversion au christianisme monothéiste, l'ancienne foi traditionnelle des Européens, tolérante, non dogmatique et directement reliée à la nature, a perduré (à tel point que l'on a pu parler de « foi duale », notamment dans les pays anglo-saxons). L'âme et l'esprit libres de la pensée traditionnelle ont continué de délivrer leur message, discrètement, subtilement, selon des codes, des usages, des comportements.

L'environnement se présente comme un grand livre ouvert dont il suffit de redécouvrir la langue, l'alphabet.

En une époque où il devient vital de restaurer le lien perdu avec la nature et l'ancestralité, la tradition nordique offre une voie royale à tous ceux qui cherchent à retrouver leur essence, en un mot : l'écologie sacrée.

Ce B.A.-BA *de la tradition nordique (volume II)* – faisant suite au premier *B.A.-BA de la tradition nordique*, plus théorique – propose d'explorer les voies pratiques (du symbolisme aux arts martiaux, à travers toutes les formes d'art et de rituel) ayant permis aux Anciens de vivre en harmonie avec la Nature, à leurs successeurs de conserver ce grand message, et à l'homme moderne de les redécouvrir pour rétablir d'urgence le rapport avec l'ordre naturel.

Déjà parus dans la collection « Qui suis-je ? »

(2ème édition)

Ce livre, composé en « Garamond » corps 12, a été réalisé par l'atelier des éditions Pardès.
Achevé d'imprimer en novembre 2002 sur les presses de l'Imprimerie Fareso, Madrid (Espagne).
Précédents dépôts légaux : août 1999, février 2002. Dépôt légal : novembre 2002.